阿丹老師的幸福說話課

劉秀丹——著

推薦序

挑戰你的說話習慣，開始幸福人生

習慣領域學說創始人、交通大學終身講座教授、美國堪薩斯大學榮譽講座教授

游伯龍

孟子說：「聽其言也，觀其眸子，人焉廋哉！」一個人的說話方式和眼神，最能代表一個人的真實內在。

我們的說話方式，就像其他行為一樣，在經過了一段時間後，會固定或僵化在一個範圍，形成個人的說話習慣。

有良好說話習慣的人，很容易帶給別人快樂，也比較會自我鼓勵；說話習慣不佳的人，則常常弄得自己灰頭土臉，旁人則避之唯恐不及。

因此讓自己擁有更好的說話習慣，的確是讓自己人生更幸福的開始。但說話習慣的改變，就像肌肉的鍛鍊，需要持續的練習，難怪阿丹在前言就說：「說話是必須持續練習的幸福習慣。」我非常贊同。

我從習慣領域的角度看這本書，有很多共鳴。此書聚焦在說話的習慣，提供了很多的具體的說話、聆聽和溝通技巧，協助讀者有效活化、優質化自己的說話習慣領域城，很值得一試。例如本書強調要用平等尊重的心態和人說話，這就和習慣領域的核心思想：「人人都是無價之寶，人人都有無限潛能」是非常契合的。如果我們把生活中的每個人都當成是神或佛菩薩，這樣的說話品質一定是很棒的。

在習慣領域學說中，提到人類有八大通性，例如我們總是喜歡那些喜歡我們的人，而不喜歡那些討厭我們的人，這就是「相互回報」通性的顯現。這本書提到溝通就是一個「相互回報」的過程，如果我們用負向的態度說話，別人也會用這樣的態度回應，所以建議從自己開始打破負向迴路，當我們用正向和善的說話對待周圍的人，別人也會用這樣的態度對待我們。有趣的是，當彼此的說話風格越接近後，彼此更容易變成好朋友。

習慣領域是影響一生成敗的人性軟體，看完這本書，我很佩服阿丹老師想要提醒讀者，透過改變說話習慣，建立幸福人生的用心。如果我們能從自己做起，改變自己的說話習慣，自然就可以影響周圍的家人朋友，然後我們的周圍就可以沉浸在幸福的說話氛圍中，這是多麼美好的事。很期待讀者們一起，向你的說話習慣挑戰，開始不一樣的人生，讓周圍的人因為我們的說話，而感到更幸福。

推薦序

自我覺察、尊重別人、說出具體正向的話，達到幸福與自在

中山醫學大學暨附設醫院精神科教授、臺灣精神醫學會理事長
賴德仁

能為尊敬的劉秀丹教授第一次撰寫的書《阿丹老師的幸福說話課》寫序，我倍感榮耀。我印象中的阿丹老師常面帶微笑、很溫暖且很願意關心別人，說話輕聲細語，不會咄咄逼人。所以由她現身說法，並引經據典，分享如何幸福說話，我想一定可讓讀者活得更自在、更幸福。

阿丹老師長期教授人際關係與溝通，並經常輔導大學生處理人際

相處或兩性互動的問題，所以這本書綜合了其教學心得與實際輔導經驗所撰寫而成。本書共有三章，第一章強調幸福心法就是尊重（respect）每個人，要有對等的互動，才能有良好的溝通，而且要正向語言才能帶動正向關係。阿丹老師真是特殊教育及心理學的專家，人的相處不是誰比誰大，我常告訴醫學生，特別要尊重位階比你們低或比你們年輕的人，這才是令人感動的事。另外，以行為治療理論，正向加強（positive reinforcement）的鼓勵永遠比批評或處罰來得有效，而且可以拉近彼此關係。第二章提出十項溝通具體策略，我特別喜歡幾段話：「深呼吸、情緒對了再開口」、「如何處理情緒抓狂」、「愛自己、請好好和自己說話」、「自我鼓勵、不要自我貶抑」、「傾聽的藝術」、「用愛心說實話」、「讚美要具體肯定，不要有口無心」等，阿丹老師真是苦口婆心、字字珠璣。

我在精神科的臨床治療情境中，其實大部分的時間花在傾聽，也與患者討論如何處理自己快抓狂的情緒，情緒是不能壓抑的，不然終究會引起身心問題。憤怒情緒需要用改變想法才有用，例如「不要拿別人過錯來懲罰自己」、「原諒別人就是善待自己」、「人在做、天在看」等。另外，阿丹老師強調有口有心的具體讚美也是呼應中山醫學大學周汝川創辦人的智慧言語：「存好心、說好話、做好事」、「醫學目的在救人、醫人醫病要醫心」，出自內心的關懷言語才會讓人感動。第三章談到如何透過言語修練幸福的方法，這就是「聞、思、修、慧」，所以如何增廣見聞、學習覺察自己的情緒、以實際行動去同理尊重別人、學會傾聽、說出具體鼓勵的話，這是現代人所應具有的智慧，如此也才能活得幸福與自在。

只看這本書一次是不夠的，要多加思考哪些方法對自己來說很受用，尤其未來人生遇到瓶頸時，可再看一次，檢視自己的問題、自我鼓勵、重新出發。只要願意努力改變自己，這個社會其實充滿著機會與希望。

推薦序

面對挫折，更要用正向心念說好話

屏東大學特教系副教授、中華溝通障礙教育學會理事長
黃玉枝

初次見到阿丹，是在一個聽覺障礙學生雙語教育的研討會，阿丹受邀擔任主講，第一個印象是「怎麼有老師說話的聲音這麼溫柔！」與阿丹相處的過程中，不難發現她的處事態度總是樂觀積極，並且樂於把快樂的種子散播到別人的心裡。

言語常常是一把雙面刃，當我們使用不當時，很容易不小心傷害了自己身邊的人，尤其是關係越緊密的對象，我們越難掌握自己說出口的話。說話和聽話的方式在人與人相處時是重要的元素，人生的歷

程難免會遇到各種挫折，在面臨挫折的情境時，如何能用心傾聽並說好話，是需要學習的課題。阿丹將自己生活經驗的小故事，累積成這本《阿丹老師的幸福說話課》，分享她在面對事情的時候如何用正向的心念去處事，遇到挫折轉個彎，處處都會是好風景。

接到阿丹邀請寫推薦序，幸運地先拜讀了這本書的內容。時值暑假到內蒙旅遊，導遊不小心弄丟了我的臺胞證，當導遊很驚恐地告知我這個消息，我感受到他的焦慮與不安，當下我並沒有生氣或者責備，僅告訴他：「沒關係，希望能夠趕快補辦證件，讓我如期回臺。」因為這是內蒙自治區第一次有人遺失臺胞證，沒有人知道該如何處理，當天是週五，接著是週末休假日，為了讓我能如期回臺，我得到很多人的協助，但大家努力的結果是：我最快要隔一週的週四才能拿到補辦的臺胞證，當天也訂不到機票，回臺的日期不定。雖然心中很忐忑不安，導遊和他們公司的主管不斷地向我致歉，我選擇隨遇而安的心境，也沒有影響同行團員的行程和玩興。幸運地，兩天後臺胞證被撿到，我終於可以如期回臺。很感謝在出發前讀了阿丹的書稿，阿丹處事的經驗影響了我面對困境的抉擇，這樣的機緣，讓我更想推薦此書給大家。

感謝阿丹老師寫了《阿丹老師的幸福說話課》這本書，相信讀過的人，都能在人生的逆境中找到圓滿的出口。

自序

語言，是啟動幸福的鑰匙

我在大學教授人際關係與溝通多年，經常輔導大學生處理人際相處或兩性互動的問題，發現改善說話和聽話的方式竟然可以翻轉原本崩壞的關係。有位女學生透過每天說出對男友的感謝，挽回了一段逐漸變淡的感情；有位男學生不懂為什麼女友會提出分手，痛苦不已，上完課才發現，問題出在自己的說話方式容易帶給對方壓力。最後，他和女友坐下來好好溝通，承認自己的錯。雖然兩人並沒有因此復合，但都為彼此祝福，有個美好的結束。

也有學生寫信告訴我：「老師教的傾聽技巧，真的很有用！我分享給我的家教學生媽媽，她說，總算知道為什麼孩子都不想和她說話了，原來她以前都不懂如何傾聽。」這位家長開始願意傾聽孩子的經驗讓我很開心，覺得自己的教學很有意義。

雖然幸福說話術這麼有幫助，但我們的社會似乎不習慣「說好話」，尤其是對身邊親近的人。於是我對自己說：「我想要努力學習幸福說話術，並且讓更多人像我一樣，透過說話得到快樂，減輕痛苦。如果可能的話，我想寫一本幸福說話術，分享給更多的人。」不久，我就接到平安文化總編輯槵甄打來的電話，也有了這本書的誕生。

這本書綜合了我這些年的教學心得撰寫而成。第一章說明語言的力量和幸福說話的「心法」，也就是尊重每一位和我們對話的人。第二章提出十項溝通具體策略，從覺察情緒、對自己好好說話到如何提問，讓對方覺得被重視，懂得用心傾聽等。第三章談到如何透過言語修練幸福的方法，並且在日常生活中，珍惜每一次與所愛的人溝通的機會。

這是我第一次寫書，或許並不完美，但我希望能讓你或你的家人讀了越來越幸福。如果你在實作時遇見什麼問題，歡迎告訴我，我很願意陪你一起找出原因；如果你的改變真的帶來幸福，請一定要告訴我，這是給我最大的鼓勵。分享是最好的學習，你可以把自己的改變與身邊的人分享，影響更多的人！

讓我們一起並肩同行，走在幸福的說話路上。

再次謝謝你閱讀這本書，我愛你，祝福你。

目錄

第一章

說好話，好幸福

說話是必須持續練習的幸福習慣

「改變你的語言，就能改變你的世界。」（Change your words, change your world.）

——西方俗諺

風靡全球的暢銷書《秘密》強調，憑藉著積極、正向的信念，可以吸引自己想要的事物，讓我們的人生變得更美好。很多朋友得知世界上竟然有這麼神奇的技巧，都躍躍欲試。過了一陣子之後，有人得到了夢寐以求的事物，像我自己就運用吸引力法則買到一間不管是地點、格局或價格都十分完美、符合家人期待的房子；但是，有人則說吸引力法則對他們來說沒有用。

到底原因出在哪裡呢？我觀察幾位朋友的經驗發現，能夠成功運用吸引力法則的人，他們的個性本來就比較樂觀、善於說好話，且心情保持穩定。而運用失敗的人，通常容易生氣、抱怨。也就是說，在心情平和的狀態下，使用正向的思考和信念，才能有效地吸引我們想要的事物。

內在情緒不容易管控，至於要如何保持樂觀積極又正向的信念呢？此時語言就是一個很有力的工具。一句話可以讓傷心哭泣的孩子破涕為笑，讓失意者重新燃起鬥志，讓忿忿不平者回歸平靜；透過不斷地說出積極、正面的話語，可以帶動並強化我們的正向信念。

在日常生活中，我們不僅需要正向思考，也需要正向語言。這也是為什麼臉書上經常瘋傳一些「勵志語錄」的原因。當你練習把正向語言融入日常生活之中，努力去實踐它，好事往往就會接二連三地發生。

剛到大學教書那幾年，我付出了許多心血和努力，不管在研究、教學方面都有不錯的表現，而且每年都拿到國科會研究計畫。因此同事們都很看好我，認為我一定可以順利升等，我也自信滿滿地提出申請。

沒想到在一個月內，我的升等案就因外審成績不通過而被駁回，跌破了大家的眼鏡！剛看到審查意見時，我心中忿忿不平，對於審查委員的意見也不以為然，認為是他們有意刁難我，心裡覺得好痛苦。

我不斷地在心裡吶喊：「為什麼？」

這時候，內心突現浮現一句話：「是誰擾亂你心中的平靜？」[1]

然後我又繼續和自己對話，並且鼓勵自己：「事情發生的原因很多，其中一個最主要的原因就是，它可以幫助你成長。」

瞬間，我突然清醒了過來。是的，升等失敗的真正原因我無從得知，但可以確信的是，這件事會為我帶來成長，也讓我變得更柔軟、更謙卑。

或許我也可以想像是其他人有意刁難，自怨自艾，但這種「負面的內在對話」並沒有辦法讓事情好轉。所以我選擇相信這次事件在我的人生中必然有存在意義，努力讓自己冷靜下來，接受這個殘酷的事實，重新作好準備。

「我必須讓自己從中學習成長！」我重複地對自己說。

於是我收斂起原有的傲氣，謙虛地請教前輩們，盡可能將每個環節做到最好。兩年後，我以高分通過升等，晉升為副教授。

後來我得知，在第一次的升等過程中確實出現了一些問題。有人建議我走申訴管道，控告其他人的疏忽，但我選擇了放下。至今我仍感謝那次的升等經驗，如果不是因為挫敗，我不會這麼積極爭取，並

1. Angelis, B. D.。《愛是一切的答案》。天下文化（二〇〇三）。

且放下身段，聽取別人的意見。

在人生中，黑暗與光明是同時存在的，當遇到生命轉折點時，正向的內在對話可以帶領我們走向光明，背離黑暗。

想想看，在你過去的人生中，哪些話語形塑了正面的信念？哪些話語讓你的思緒陷入黑暗的深淵？

說話既是一種外在的溝通方式，也是內在思考的工具。你怎麼在心裡詮釋這個世界，這個世界就會呈現出什麼樣子。

心理學之父威廉・詹姆士（William James）說：「播下一種思想，收穫一種行動；播下一個行動，收穫一種習慣；播下一種習慣，收穫一種性格；播下一種性格，收穫一種命運。」

內在語言是一種思想，外在語言是一種行動。不管是內在語言或外在互動，說好話的確可以在日積月累中變成習慣，成為正向、溫暖的性格，帶來幸福的好運。誠如習慣領域學說創始人游伯龍教授在其著作《習慣領域——IQ和EQ沒談的人性軟體》所說：「命好不如習慣好」、「沒有好的習慣，事業很難成功；沒有壞的習慣，人生很難失敗。」想要讓自己更成功、更好命嗎？就從養成正確的說話方式開始吧！

為了獲得幸福的人生，養成溫暖人心的性格，現在就開始在日常生活中使用正向語言吧！

說好話，就能成功

「說話是一門重要卻往往被人們忽略的藝術。良好的口才，可以讓人傾心於你，結交更多的朋友，替你開闢人生之路，獲得幸福美滿的生活。」

——人際關係與溝通大師卡內基（Dale Carnegie）

有位美國運通日本分公司的女性業務員，她的業績總是掛零。因為在工作上常常感到焦慮和緊張，生怕自己的表現不佳，又要挨長官的罵，整個人顯得很沒有自信。她常跟自己進行這樣負面的內在對話：

「完蛋了！事情被我搞糟了！」

沒救了！
累死了！
完蛋了！

我今天很努力呢！
沒關係！
一定會有辦法的

「沒救了！這次一定會被課長罵到死！」

「真慘！這個月業績又要墊底了！」

「有夠倒楣，連影印機也跟我作對！」

當她持續跟自己說負面的話，自然也會「吸引」負面的能量。後來連她的身體都出了狀況，需要住院調養。

其實，她在工作上非常努力，也參與各種訓練課程、心理諮商；甚至為了拓展人脈，自掏腰包加入美國工商協會，卻絲毫不見成效。就在她感到絕望、想要放棄時，她無意中從一本書裡得到了啟發，決定改變自己的說話習慣，開始說正向的話來鼓勵自己、讚美別人。

一開始她先檢視自己的說話方式，驚覺過去用了許多負面的話語來打擊自己。於是，她試著在日常生活中做出調整，例如本來想說：「累死了！」念頭一轉，馬上改說：「我今天很努力呢！」原本想說：「慘了，我又完蛋了！」改成「沒關係！一定會有辦法的，讓我來想想看！」

接著，她練習將生活中的「聽、說、讀、寫」都切換成積極正面的模式。例如遇到下雨天時，她傳簡訊給家人：「真是感謝雨水賜給我們負離子啊。」此外，看電視或新聞報導時，她也盡量挑選傳達正面能量的節目。這樣做不到四個月之後，她的工作情況開始好轉，甚至連續兩年業績高達二十億日圓，一躍成為頂尖業務員。這位佐藤由紀女士在她的著作《我這樣說，業績突破二十億》中一再強調：「說好話，就能創造成功的人生。」

或許你會質疑：「有這麼神嗎？」事實上，這些內在對話的技巧，只是應用心理學上的概念——「自我驗證的預言」（self-fulfilling prophecy，又稱為「比馬龍效應」，Pygmalion effect）[2]。這

2. Rosenthal, R.，Jacobson, L.（1968）。Pygmalion in the classroom。The Urban Review，3（1），P16-20。

個概念是由心理學者羅森塔爾（Rosenthal）及傑可布森（Jacobson）提出，大意是說：「你對自己或對別人的信念，會影響到他們的想法和預期心理，並且讓你的『預言』成真。」

他們對某間學校的學生進行智力測試，然後告訴校方某班學生天資聰穎，事實上這一班學生和其他班級智力相當。但這樣一個「騙局」，竟產生了不一樣的結果：這班學生的期中考成績比其他班級高出很多！因為老師們都認為這些學生「潛力無窮」，所以在他們表現好的時候就跟自己說：「看吧！果然是一群天才！」而當他們的學業成績不如預期時，則說：「或許是我不夠努力、或是方法不對，再給他們一點時間試試看吧。畢竟他們是天才啊！」

事實上，這些學生的素質從頭到尾沒有改變，但老師的正向信念和期待，使這群學生發揮出最大潛力。類似的方法也一再地被許多成功人士引用，像日本精神科醫生齋藤茂太在近九十歲的時候，公開了幸福人生的秘訣，寫下《一句話改變人生》這本書。他認為一句正向的話彷彿心靈的維他命，可以讓內心充滿源源不絕的活力，不僅可以改善人際關係、提升運氣，也讓身心更健康。

停止用負面話語攻擊自己，試著賦予自己正面能量吧！只要適時鼓舞自己，你將能發揮出最大潛力！

我的幸福說話課

二〇一一年，我有機會到美國德州拉瑪大學擔任訪問學者一年。一開始因為人生地不熟、加上英語不輪轉，壓力很大。由於自知英語聽力實在太弱，每次和美國人聊天時我都很緊張，生怕說出一口破英文會鬧笑話，也擔心聽不懂別人的話，造成尷尬的場面。

有一次美國教授特別舉辦了一場家庭聚會歡迎我，也讓我有機會認識她的家人。當天我為了避開與人交談的機會，所以刻意陪伴教授四歲的孫子玩球，心想：「兒童英語應該比較容易聽得懂吧？」

沒想到，我們互動不到五分鐘，這個小男孩就看著我，說了一句令人哭笑不得的話：「You need hearing aids！（妳需要助聽器！）」

頓時，我猶如五雷轟頂，說不出話來……雖然當時我的內心很受傷，也感到氣餒，但我想到了「習慣領域」的信念：「處處感激、讚美欣賞，也不忘分享回饋。」所以，我當天晚上還是在日記上寫著：「謝謝這個說實話的小男孩，讓我更確定自己多麼想要學好英語。是的，我真心想要學好英語，請讓我遇見貴人，讓我的英語溝通更順暢！」

過了一陣子，我在一家二手書店遇到了Bob，他是一位退休的美語教授，曾在學校的語言中心教導留學生美語。由於他對於亞洲文化非常了解，所以很能理解我的「臺式美語」；我和他交談時也覺得很自在。當他聽到我因為英文不好，只敢到麥當勞點餐時，露出了一副不忍心的表情，笑笑地說：「哦！那真是糟糕！」

後來，他對我說：「Atan，反正我已經退休了，平常閒著也是閒著！如果妳願意的話，我可以幫妳上美語課。」

接下來他表示不收我一毛學費，更是讓我感動得差點哭了出來。

我還記得Bob給我的第一個功課是：「每天蒐集一個因為說英語而感到尷尬的經驗。」希望藉此鼓勵我不要怕說錯話，勇於嘗試。在他的支持和引導下，我的美語也持續精進。

事實上，Bob本身就是幸福說話術的學習典範。他總是非常有耐心地傾聽我的菜英文，用欣賞和讚美的方式鼓勵我，並且分享自己學習外語的寶貴經驗。

因為感受到Bob透過說話帶來的幸福感，我告訴自己：「我也要像他一樣，成為一個善於傾聽、讚美與分享的幸福說話者。」往後，我開始覺察自己在說話方面哪些地方需要改進，一步步走向幸福說話術的實踐道路。

聽不懂別人說話也是好事

在美國擔任訪問學者的期間，因為自知口語表達能力不好，我努力地用微笑和真誠的眼神與他人互動。每天早上到研究室時，我一定主動和系上的秘書、其他教授禮貌地打招呼，他們也會用和善的態度回應我。我們彼此之間開心地問候，並祝福對方有個美好的一天，這種感覺真的很不錯。

有一次，隔壁研究室的老師不知為了什麼事情，和其他同事起了爭執，看起來非常生氣。當時受限於英語能力，我並沒有走過去問她發生了什麼事，只在事後送上一杯飲料，然後說：「很抱歉！我無法理解發生了什麼事，但我希望妳的心情會很快地好起來！」

說完，她給了我一個大大的擁抱，請我不必擔心。

我發現，我的「菜英文」帶來了意想不到的結果，沒有人會找我談八卦、聊是非，也沒有人對我抱怨東、批評西。它讓我在研究室中幾乎聽不到任何流言和耳語，只聽到溫暖的問候和正向的話語。即使後來我的英語聽力提升到可以聽懂日常會話的水準，但早已不去在意別人的閒言閒語，也不急於評斷是非。

一旦耳根清靜，心自然也就平靜了。正如一行禪師說：「人與人之間的對話，是一種滋養。但當對方的話語可能充滿各種毒素，例如憎恨、憤怒與挫折，你在聆聽時若沒有警覺，很可能在無形中便攝取了毒素，這些毒素將進入你的意識和身體。」就像食物之於身體健康是需要選擇的一樣，你也要適時覺察自己和別人的對話對於心靈是否有益，而加以節制。

從心開始的幸福迴圈

在說任何話之前，我們都必須體悟到一件事：「每個人都是值得被愛的、有價值的。」在這樣的前提之下，不論對方是否與你意見相左，或說了多麼傷人的話，你都能保有基本的尊重。

我曾是特殊教育的第一線老師，教過有聽覺障礙、智力障礙、腦性麻痺、自閉症的學生，以及多重障礙者。這群孩子因為某些身心缺損缺乏自理能力，在日常生活各方面都需要大人的協助。儘管如此，他們仍具有某些發展潛能。和這些孩子相處久了之後，我才明白，有些時候我們只看到表面的障礙，卻忽略了如果我們能夠打開心門，從「心」練習說話，人與人之間的關係永遠有更多的可能。

對等的互動，才能有良好的溝通

溝通時，我們往往因對方的角色和身分不同，而改變遣詞用字與說話的語氣。但是不管對方是我們的上司或下屬、父母或子女，都要以尊重的心態相待。

我曾在教師節前夕請一群大學生回想從小到大，在求學時期印象最深刻的老師，並說明原因。原本我的用意是希望透過這個活動，讓他們學習感謝生命中的貴人。但令我驚訝的是，居然有超過一半的學生表示，讓他們印象最深刻的老師，是用言語傷害過他們的老師。於是我開始思考，是什麼樣的教育環境，造成這樣的結果？

雖然大多數的老師在教學崗位上都很認真、誨人不倦，希望能夠幫助學生成長。但或許我們所接受的教育觀念是「愛之深，責之切」，許多父母都會說：「我是為你好，寧可你現在恨我，也不要以後埋怨我。」老師們也經常用責備的方式期許學生在課業上有所進步；加上他們在教室中掌握了專業權及管教權，很容易失去對等、尊重與同理心，不慎說出傷害學生的話而不自知。

例如，當調皮吵鬧的學生突然很安靜地寫功課時，老師會說：「你今天怎麼那麼安靜，吃錯藥啦！要不要看醫生？」「哎喲，失戀了啊？今天怎麼這麼乖？如果每天都失戀，我們班就可以保持安靜了！」類似這種「貶損他人自尊的語言」很多，像是充滿批評和蔑視地說：

- 「其他同學都可以去打球，但我就是不准你去操場打球，**你沒資格**出去玩。」
- 「作業忘了帶？那有沒有忘記吃飯啊？還是你**連腦袋也忘了帶**來學校？」
- 「你的**腦袋好新**，是不是都沒用過啊？」

5年2班
作業忘了帶？你沒資格出去玩！

我想你不是故意的下次要記得哦！
是的！老師

說話的人不知不覺地把「行為」和對方的「個性」畫上等號，而說出一些貶低對方的話。聽者會覺得自己的自尊被「踐踏」了，好像自己是不值得被在乎、被看得起的。只因為做了一件錯事就全盤皆錯，變成一無是處的人。

另一種貶損自尊的言語更糟糕，就是「向上比較」（Upward social comparison），例如：

- 「你連這個都不會？我家五歲的兒子都會！」
- 「你怎麼考得那麼差，比小丹還糟糕耶！」
- 「隔壁班有十幾個同學一百分，你們班呢？」

在成長經驗中一直被拿來和別人比較的話，有些人會形成一種負面的自我概念（Self-concept）[3]：「我本來就是差勁的」、「別人都

3. 林漢民、鄭泰安、林憲。〈自殺個案（二十五）反社會性人格違常與自殺〉。《當代醫學》（二〇二），七〇四到七〇六頁。一九九〇。

是敵人」、「我再怎麼努力，也比不上那些人」、「我是一個沒有用的人」……長大之後，他們不是變得憤世嫉俗，就是過度自卑。

和對方站在同一陣線

「被尊重是每個人最重要的需求」是我經常掛在嘴邊的話。當你說的話讓對方覺得受到尊重，溝通之門就打開了。其實要表達同樣的意思，可以這樣說：

- 「你今天很安靜，看起來很專心，讓老師很開心！」（不必刻意強調他平常多麼吵鬧）
- 「我們約定好的，沒有完成作業的同學，就不能出去打球。我必須說到做到，你也是。你把作業寫完時，老師一定讓你出去。」
- 「你沒有帶作業，老師很困擾，這樣我就不能批改你的作業，不知道你哪些地方不會？」

●「你可以先自己多想想，有什麼問題都歡迎來問我。」

●「你今天考得不理想，應該也不好受，什麼原因讓你考壞了呢？有什麼老師可以幫忙的？」

要讓孩子覺得，你和他是站在同一條陣線的，你們不是敵人，而是夥伴。這也是為什麼每學期的第一堂課，我一定會先告訴學生：「這是我的手機號碼，不要擔心打擾阿丹老師，被你打擾是我的工作。幫你解決問題，是我的價值；你學不會，是我的責任。」

「在這堂課中，你和我都是主角，你和我都是無價之寶，都有無限潛能。讓我們一起發揮努力和創意，一起成長，一起度過這充實快樂的十八週。」

每當我真誠地說完這些話，可以感受到臺下學生看我的眼神充滿了信任，幸福的氛圍也開始在教室滋長。

一張千元紙鈔

有一次上課時，我拿出一張嶄新的千元大鈔，問臺下的學生：「我想把這張千元鈔票送給其中一位同學，想要的請舉手！」超過一半的學生都把手舉得高高的，嘴裡還大聲地喊著：「我要！我要！」

接著我說：「但是在給你們之前，先得這樣做……」當著大家的面，我把鈔票揉成一團，再問：「想要這張千元鈔票的請舉手！」

大部分的同學依然賣力地舉著手，喊著：「給我！給我！」

接下來我把那張縐成一團的紙鈔踩在腳下踐踏一番，這張千元大鈔變得又縐又髒了。

我再問：「誰還要這張千元大鈔？」

你猜得沒錯，原本舉手的同學並沒有放下，他們還是熱情地喊著：「給我！給我！」

這群學生很聰明，他們知道千元大鈔磨損後仍然可以買東西，還是有一千元的價值。

每個人就像這張千元鈔票，都值得被愛、值得被關懷。不管我們經歷了什麼挫折、做過什麼錯事、是否被討厭、被孤立，身為人的價值都是不會改變的。這也是「習慣領域學說」的核心價值：

- 每個人都有無限的潛能，等待被激發。
- 每個人都同樣需要被尊重。

不管面對誰，如果我們能看見對方生命中美好的部分，給予最大的尊重，就能完成良好的溝通。當我們在心態上保有尊重和同理心，溝通路上的障礙就少了一大半，並且啟動「幸福的迴圈」了！

一旦啟動幸福迴圈，對方也會同樣使用尊重、對等的方式對待你。因為人類的互動有一通性，叫「相互回報」（reciprocity）。特別是在人際溝通時，我們隨時會去判斷感受對方的態度，而選擇對應的態度去說話。當對方態度是尊重真誠的，我們就自然會用尊重真誠的說話方式；當你誠懇且有技巧地表達自己想說的話之後，對方感覺到你的誠意，也會給予正向的回應，使你感覺到被尊重，又回到迴圈的開始，兩人的關係就會一直正向地提升，越來越好。

溝通的重要基礎，在於彼此尊重。只有打從心底把彼此放在同等的地位，進行對話，才可能啟動正向的說話迴圈。

正向語言，帶動正向關係

朋友任教的高中，有位血氣方剛的男同學，因為上課時手機被沒收，認為學校不尊重學生人權，就在週記簿上將導師批評得一無是處，中間還夾帶不堪入目的髒話。導師看了週記非常生氣，立刻大發雷霆，直接將他送到教官那邊進行處分。

這位學生事後想想，也覺得自己太過分了，就鼓起勇氣去找老師。「老師，對不起，我在週記上寫得太過分了！」他靦腆又小聲地跟老師道歉。

「你不用向我道歉了，我承受不起。我佩服你都來不及，哪敢罵你？像你這種滿腦子垃圾的人，一百年都考不上大學，我怎麼敢接受你的道歉？」平常和顏悅色的老師，此時像是變了個人似的，語帶譏刺地回答。

這下子學生也火了，他將雙手握得很緊，忍住想要脫口而出的衝動，最後帶著充滿憤恨的眼神走出辦公室，從此再也不願和這位老師說話了。

語言迴力鏢效應

這位學生在週記簿上惡言相向甚至涉及人身攻擊，傷害了老師的尊嚴，可想而知，老師會有多生氣。但語言的能量是會循環的，當你說了一句負向的話，等於就傳遞了負面的能量給對方，然後像迴力鏢一樣回饋給自己。如果你話中帶刺，對方也會加倍奉還，最後誰都沒有獲得好處。這種一來一往的說話模式，我稱為「語言的迴力鏢效應」。

「人往往有一種傾向，喜歡那些他自認為喜歡自己的人，討厭那些自認為討厭他的人。[4]」也就是說，在人際互動上，當我們對別人好時，別人也會對我們好；當我們冒犯別人時，對方也會在適當時機以牙還牙。

當學生先用言語刺傷老師（在週記簿上罵髒話），老師一氣之下採用傷害學生尊嚴的說話方式（酸學生），負向的語言迴力鏢就在兩人之間流傳。結果，老師與學生間的溝通被阻斷，導致師生的關係破裂，兩人都因此而感到痛苦。讓我們看一下「修改後的劇情」：

學生：「老師，對不起，我在週記上寫得太過分了！」（**正向語言**）

老師：「嗯，我看到你的週記說我沒水準、老處女，我非常生氣（**坦承情緒**）。但你鼓起勇氣來道歉，我覺得好多了（**給予對方**

4. 游伯龍。《HD：習慣領域：影響一生成敗的人性軟體》（第二版）。時報出版（二〇〇九）。

正向回應）。只是我現在還沒氣消，等我心情好一些，我們再聊聊。」（**雖然還無法完全導向正向，但至少不要貶低對方的自尊，也就是前面所說的，給予「尊重」的回應**）

如果老師覺得自己的情緒好多了，可以釋出更多的善意和尊重：

老師：「謝謝你來向我道歉，這很不容易，但你做到了！」（**正向語言**）

學生：「老師，對不起啦！我寫週記那天心情很不好，就把氣出在妳身上了！」（**正向語言**）

老師：「是這樣啊！那我不就很倒楣了嗎？」（**真誠表達感受**）

學生：「歹勢啦！」（**真誠表達感受**）

老師：「其實我有些做法可能也沒有考慮得很周全，讓你覺得不舒服。如果你用比較具體的建議、沒有那麼情緒化的字眼，我比較可以接受。其實這個班是大家的，你們提供一些意見，讓班級更好，也是我樂見的（**正向語言**）。要不要我們再來討論，當你想要給老師建議時，如何表達比較有效呢？」（**真誠表達感受**）

從上面的例子中，我們不難發現溝通是互相交流、了解對方的過程。當一個人說出正向語言，另一個人很快地就能做出反應和回饋，並且真誠表達自己的感受，進而啟動幸福迴圈。只是，每一段關係都是複雜而多變的，因此了解彼此的說話特性、依對方特質進行溝通、調整，願意先釋出善意溝通、信任對方，比較容易獲得對方善意的回應和信任。

從「我」開始

如果對方不參與這個迴圈怎麼辦？冰凍三尺、非一日之寒，有些關係的僵局由來已久，對方的個性「宿疾」也跟隨多年，想要改變並不容易，我建議多給彼此一些時間。此外，總要有一個人先踏出第一步，不妨先從自己開始吧！當你持續地做，相信對方一定會感受到你的誠意。

有位救國團講師林俊良先生，分享了一個令我印象深刻的故事。

在中華電信擔任主管的Mandy是個職業婦女，平常可說是過著蠟燭兩頭燒的生活。她白天工作忙碌，下班後為了怕婆婆嘮叨，總是馬不停蹄地趕回家煮飯。

而她的婆婆則是標準的負面說話者，總是嫌東嫌西地說：「妳不知道我有高血壓嗎？菜煮得這麼鹹，是故意要害死我嗎？」「妳到底會不會做菜？煎個魚也會燒焦！」「最近薑很貴，還放這麼多？」有時候Mandy也會忍不住回嗆她幾句，這時婆婆就會開始哭天搶地：「我好歹命唷！把一個兒子辛辛苦苦地養大，結果他娶個媳婦來氣死老媽！」

每次一想到回家要看婆婆的臉色，Mandy就感到煩躁不已。這天她在公司處理公事就已經夠煩了，好不容易回到家裡，看到老公和婆婆都坐在客廳沙發不動，不禁生起悶氣，「為什麼婆婆在家閒閒沒事，卻不肯幫我把飯菜煮好呢？老公也是，明明比我早下班，卻一副事不關己的樣子，只會蹺著二郎腿看報紙。」

她匆匆進入廚房，越想越氣，此時客廳傳來婆婆邊看電視連續劇邊罵的話：「這個壞媳婦有夠可惡，以後會有報應的！」

「是在說我嗎？好啊，我就做個壞媳婦給妳看！」她索性關掉了瓦斯爐，把整鍋煮好的高麗菜扔到馬桶裡，然後在廚房大聲咆哮：「要嫌就不要吃啊！」說完就把自己關進了臥室，這下把先生和婆婆都給嚇壞了！

婆婆生氣地責怪兒子：「你看看，你是怎麼寵老婆的，寵成這樣？」

先生只好無奈地去敲房門，「妳是怎麼了？快出來和媽道歉。」

最後Mandy一臉委屈地收拾行李回了娘家。

幾天後，在先生的苦苦哀求下，Mandy又萬般無奈地回到家裡。由於這樣的戲碼已經重複上演過很多次，令她身心俱疲，於是求助於催眠師。

經由催眠，她看到自己原本是個富家千金，身處清末的太平天國戰亂中，因為逃難和家人走失了，只剩下婢女阿珠和她在一起。

有天她感到口渴，就請阿珠幫她找點水喝。阿珠看到前面有一口井，於是俯身汲水。站在一旁的她突然發現阿珠那雙大腳和自己的小腳很不一樣，好奇地伸手把她的腳抬起來，一不小心，讓阿珠掉到井裡去了。

這時她猛然一看，阿珠竟然就是她婆婆！她立刻從夢境中嚇醒了！

「原來，我上輩子害死了她，難怪她這輩子會這樣對我。」

婆媳大戰 on air
到底會不會做菜！
想害死我？
我是僕人嗎？

LOVE
但你可以選擇這麼做

Mandy心想自己上輩子欠婆婆一條命，這輩子替她做牛做馬，又有什麼好抱怨的呢？她開始轉變態度，用贖罪的心情去面對婆婆，不管婆婆怎麼嫌棄和批評她，全都照單全收。

婆婆很訝異媳婦的轉變，但是感受到Mandy對她的尊敬和善意後，也開始和顏悅色，甚至分享起自己過去獨力撫養孩子長大的艱苦。而Mandy總是給予肯定：「媽，妳以前真是辛苦啊！」

現在Mandy的婆婆逢人就說：「我們家Mandy真是好媳婦，我實在太有福氣了！」

無論是親子、師生還是婆媳關係，溝通時先釋出善意，比較容易獲得對方善意的回應喔。

溝通，解開關係的結

心理學家阿德勒（Alfred Adler）說：「所有的煩惱都是人際關係的煩惱。」確實，人際關係常常帶給我們很多煩惱，而許多關係的癥結，正是因為缺乏溝通所造成的，持續的逃避只會讓這個結越打越緊。

或許你會想：「如果遇到有理說不清的主管或父母，就算想好好說話也很難吧？」有一個學生上了我的課之後就曾跟我說：「老師，妳說得這麼容易，可是做起來超難的！妳看我爸媽那種個性，是要怎麼溝通啦！」

有趣的是，幾天之後我也接觸到他的家長，父親同樣懊惱地跟我說：「我覺得我的兒子離我越來越遠了，我常常搞不清楚他在想什麼！」可見，他們心裡都想要修復或改變彼此的關係，但沒有人願意踏出第一步。

其實，結打在哪裡，解就在那裡。我認為，除了溝通不良之外，有些是來自於權力的不均，有些則是來自「自我內言」的影響。

權力的不平均：新手媳婦的故事

朋友Aletheа跟我說：「我也知道有事不要憋在心裡，最好攤開來講，才不會氣出病來。可是，這很困難啊！在家都是我先生和我婆婆掌權，哪有我說話的餘地？」

Aletheа的婆婆總是把錢掛在嘴上，說自己花了這麼多錢把兒子養大，現在該是兒子和媳婦回饋她的時候了。可是Aletheа夫婦才剛新婚，買了房子還有貸款要付，經濟壓力很大，實在無力再拿錢回家給婆婆。而婆婆名下本來就有兩棟房子，還有不少存款，可說經濟無虞。

Aletheia也曾經試著跟婆婆溝通，不是不願意扶養老人家，等到家裡的經濟狀況好一點之後再盡孝道。沒想到婆婆聽了暴跳如雷，四處跟鄰居抱怨兒子娶了一個勢利眼的媳婦，以後自己死了可能都沒有人哭墓……當她從妯娌口中聽到這些話的時候，心裡很不是滋味，「到底是誰比較愛錢啊？」雖然很多溝通術書上都鼓勵我們要「說好話、存善念」，可是她真的很難做到。

她委屈地說，有時候婆婆跟旅行團出去玩，只給先生、孫子還有其他家人帶紀念品，就是沒有她的份。然後婆婆還會有意無意地說：「這個是只有姓陳的才有的！」

我反問她：「那妳覺得什麼時候婆婆對妳不錯呢？」

她想起有一天因為白天工作很忙、又沒睡好覺，打掃到一半就趴在和室的地板上睡著了。醒來的時候，家裡已經打掃乾淨，身上也多了一條被子。「原先我還以為是先生幫我蓋被子的，沒想到是她。她也不用那麼假好心，假裝自己是好婆婆……」

對於一個長期被言語霸凌、權力壓榨的媳婦來說，會有這樣的「內在語言」是很常見的。從她的描述中我發現，相較於和婆婆之間的關係，她和先生的結可能比較容易鬆動一些。先生老是說卡在婆媳中間很難做人，也不願意幫忙調解，讓她覺得很沮喪。

我請她做一件事情，每天睡覺前寫下一件感謝老公的事情，如果可以的話，也向老公表達感謝。一開始她總是說「很彆扭」、「不知道要感謝什麼」。不過幾週後她說，當自己願意先跟先生說聲「謝謝」，先生也對她比較客氣，甚至有一次還在婆婆面前幫她「擋了一刀」。

因為跟先生的關係變好了，她和婆婆的互動方式也有了改變。幾個月之後我們又見面，她說很慶幸自己能練習和先生說「謝謝」，原本「婆婆第一、老公次之、自己最後」的權力結構，竟然有了微妙的轉變。

我們都知道，在一個家庭裡面，並不是每個人的權力都一樣；可能婆婆的一句話、或者是先生的一句苛責，就讓妳退了好幾步。即使是在公司也是一樣，有人是主管底下的紅人，主管對他言聽計從；有人即使說了一百句話也不被重視。但是，越是權力不均的環境，越需要運用幸福說話術，有時候只是一句簡單而真誠的「謝謝」，就能改善彼此之間不對等的關係。重要的是，總要有人先開始。

自我內言的養成

Christine是個從小在父母的責備中長大的女孩，當了媽媽之後，她也同樣用責備的方式來管教自己的孩子，甚至讓整個家庭的說話習慣都是負向的。

一個在惡劣語言環境長大的孩子，常常會內心脆弱、憤世嫉俗、不敢相信別人，甚至容易生氣暴怒等等，Christine也不例外。儘管她想要改變自己的說話方式，卻覺得不容易；而且每當她好聲好氣地跟媽媽說話時，總是遭到冷言冷語，讓她感到挫折無比。

對於Christine來說，第一個要調整的，不是如何和母親好好說話，而是對自己說話。我陪她一起檢視在過去的人生中，究竟是哪些「非理性的自我內言」支配她的生活。她跟我抱怨，和她同住的媽媽，常常回到家就不斷批評先生對兒子的教養方式，她已經受不了每天都要和母親同處一室，甚至還考慮要搬出去住。

「當媽媽跟妳抱怨妳先生時，妳心裡有什麼想法？」我問她。

「我會覺得，當她抱怨我老公的時候，其實是在怪罪我找錯對象。我覺得自己好像很糟糕，怎麼樣都無法讓她滿意，做什麼都不對。從小我就是所有孩子裡面功課表現最差的，就算再努力，也得不到她的關心……」她一邊說著，兩行清淚也從臉頰滑落。

「媽媽說妳老公的不是，真的代表妳不好嗎？」

「我也不知道……每次只要和媽媽一有不愉快，第一個進入我腦海裡的念頭就是：我不好，所以惹媽媽不高興。」

她想了一下之後又繼續說：「嗯……也有可能是她太擔心孫子了。畢竟，我爸爸過世之後，她最快樂的事情就是和孫子一起玩。」

我告訴Christine，她之所以在與母親的關係裡受苦，是源於「過度類化」[5]的思考方式。她總是覺得母親的每句話都是針對自己，認為她做不好，只要她繼續抱持著這樣的想法下去，權力不等情況就會持續下去。

5.Feldman, R. S.、Forrest, J. A.、Happ, B. R.（2002）。Self-presentation and verbal deception: Do self-presenters lie more?。Basic and applied social psychology，24（2），P163-170。

自從那次談話以後，每次只要她心中出現了「我一定很糟糕」的念頭，就會問自己：「這是真的嗎？」而這樣的覺察，也讓她與媽媽的對話中傳遞的負向非語言訊息不知不覺地減少，進而拉近母女之間的關係。她並且說，最近要規劃一趟去日本的自助旅行，帶著兒子、媽媽一起去，這是之前她連想都不會想的事情！

一個小改變，就能帶來大改變。或許你也看了很多人際溝通術的書，但仍然無法改善人際關係。接下來我將分享更多「用說話扭轉人生」的真實案例，讓大家看看「改變的過程」是如何發生的；你會發現，每個人都有改變的可能！

難解的人際問題，應該從覺察非理性的自我內言開始，扭轉權力不平等的關係！

第二章

召喚幸福的說話術

深呼吸，情緒對了再開口

開學第一天，剛上任的研究助理突然傳LINE和我說，因為個人與家庭因素，她想要辭職，希望不會造成我的困擾才好。

研究計畫好不容易訂好進度，這樣一來又要重新找人、重新開始，她怎麼可以說走就走呢？兵荒馬亂之下，我的情緒變得焦躁不安，甚至出現一些負向聲音：「這麼大的人了，說不來就不來，工作態度也太差了吧？」「現在的年輕人抗壓性真低！」

我越想越氣，開始埋怨自己當初怎麼會選擇不負責任的她當我的助理？由於五分鐘後要上課，所以我只簡單地回傳了訊息：「天啊！我很震驚，想了解更多妳的想法。但我接下來有四堂課，回到家後再和妳好好聊聊。」

後來我才知道，助理的母親被診斷出罹患乳癌，全家都陷入了愁雲慘霧之中，最後孝順的她作了留在家裡照顧媽媽的決定。倘若當初怒火攻心的我，一開口就是劈頭痛罵，可以想見她會有多生氣和難過，後果真的不堪設想。

情緒失控可說是「說話」的最大殺手。在極度憤怒、傷心的情緒下，我們往往會說出連自己都「不忍卒聽」的傷人話，而話語一旦說出後猶如覆水難收，造成的傷害一時之間也很難復原。因此千萬不要在情緒失控下開口，在情緒風暴一發不可收拾之前，請先穩定自己的情緒，並且試著和自己的內在情緒溝通。

拿回你的情緒遙控器：「還好」的魔法

「如果你被任何外在事物所苦，痛苦不是來自於事物本身，而是來自於你對它的看法，而你隨時都可以撤銷看法。」

——羅馬皇帝奧里略（Marcus Aurelius）

我們可以把情緒想像成一匹飼養的馬，大部分的時候牠都十分溫馴，但我們無法期待這匹馬永遠都表現得乖巧聽話。一旦情緒激動時，牠就會變成脫韁野馬，隨興奔馳，很難駕馭。此時，我們要做的是設法了解牠為什麼失控？並且安撫牠。主導情緒的往往不是事件本身和外在環境，而是我們對事件抱持的看法，也就是「自我內言」——你對自己說話的方式。

聽過這個故事嗎？有位太太終日愁眉苦臉，因為她的大兒子是製作米粉的，小兒子是賣雨傘的。下雨天時，她心裡總是擔心，「慘了！老大的米粉沒陽光可以曝曬，恐怕就要做白工了！」出太陽時，她又對自己說：「糟了，老么的雨傘恐怕沒人要買了！」

天天愁眉苦臉的生活不好受，其實她可以這樣說來改變自我內言：「今天下雨，老么的雨傘一定很好賣！老大趁機休息一下也很好。」若是晴天則說：「出太陽了，真好！老大的米粉一定可以曬得很乾，老么利用這機會改賣陽傘也不錯！」

是的，我們無法左右天氣，但可以選擇改變心情，拿回你的情緒遙控器。雖然我們無法阻止負面的念頭或情緒油然升起，但是絕對有能力放下它。

另一個真實例子發生在一個女學生的身上。她第一次談戀愛，又是遠距離的姊弟戀。但是，直到交往滿一年那天，她才發現自己竟然是「別人的第三者」，幾乎快要崩潰！她不能理解，男友為什麼要欺騙她？面對正牌女友的電話騷擾和辱罵、男友的軟弱與無能，她無計可施，陷入情緒的低潮當中。好長一段時間，她沒有來學校，不然就是上課時趴在桌上睡覺，我看了也很心疼。

當最愛的人背叛了妳、對妳說謊、做出讓妳覺得很受傷的事情時，妳可以選擇大發雷霆、歇斯底里，這些都是很正常的反應，也不需要「苛責」自己為什麼一直卡在憤怒和傷心的情緒裡走不出來。不過，如果事件已經發生一段時間，妳也想做出一點改變，不妨選擇另外一條路，拿回情緒主導權。妳可以試著跟自己說：

- 「我真的很生氣，他背叛了我。**還好**我現在清醒了，不會再被他的謊言所騙了。」
- 「他跟正牌女友的關係也不好，才會和我交往吧？**還好**我不必再待在他身邊，繼續讓自己受苦了。」
- 「雖然這次的戀愛沒有好的結局，**還好**我還年輕，未來還是有機會認識其他人。」
- 「他這樣騙我，我心很痛，畢竟是曾經這麼深愛的人，我又花了這麼多時間經營這段感情。**還好**我身邊有好朋友們陪著我。」

「自我內言」影響情緒

如果在感情中被背叛、被甩，我們很容易陷入「責怪對方」和「責怪自己」的泥淖中。要不覺得對方根本就是人渣，或是認為自己一定是哪裡做得不夠好，才會被拋棄[6]。即便情關難過，如果妳可以愛自己，好好地對自己說話，將可以幫助自己從這段受創的經驗中復原。

自我內言指的是「跟自己說的話」。如果妳仔細檢查上述例子的自我內言，可以發現涉及類似過程：

1. 接納並描述當下的感受：否認或壓抑感受，只會讓它不斷「冒」出來。

6. 修慧蘭、孫頌賢。〈大學生愛情關係分手歷程之研究〉。《中華心理衛生學刊》十五（四），八十六頁。二〇〇三。

2.「還好」的力量：「還好」幫助我們注意到事情的另一面，跳脫當下的負面思考。

心理學家阿爾伯特・艾利斯（Albert Ellis）的「理情治療法（Rational Emotive Behavior Therapy，簡稱REBT）」傳達了一個重要的理念：「真正困擾你的不是事情本身，而是你對事情的看法。[7]」

我們常說人生無常，生命的本質是苦的，但我們的痛苦多半來自於本身的執著。例如凋零的花朵不會造成受苦，不切實際地對自己說：「我想要花朵永遠不凋謝」才是痛苦的根源，由此可見自我內言的重要。

情緒抓狂怎麼辦？

萬一遇到問題時還是情緒失控怎麼辦？在陳一鳴所著《搜尋你

內心的關鍵字》一書中提供了一個很棒的「西伯利亞北方鐵路練習（SiBerian North RailRoad）」方法，它像是火車突然緊急煞車一樣，先幫助你hold住情緒[8]：

1.停止（Stop）：當你覺得快要抵達爆發點時，趕快煞車停住，不要有任何反應。你可以選擇離開現場、暫停手邊的事情、先不要跟任何人說話等等。這一刻叫神聖的停頓，它對於阻止情緒失控非常重要。

2.呼吸（Breathe）：停下後，馬上做幾次有意識的深呼吸。每次吸氣四到六秒，嘗試讓肚子鼓起來，吐氣時讓肚子消下去，把所有的氣吐光光。

7. Sharf, R. S.。〈認知治療〉（馬長齡、羅幼瓊、葉怡寧與林延叡譯）。載於《諮商與心理治療》。（第二版，三七〇到三七二頁）。心理出版（二〇一三）。

8. 陳一鳴。《搜尋你內心的關鍵字：Google最熱門的自我成長課程！幫助你創造健康、快樂、成功的人生，在工作、生活上脫胎換骨！》。平安文化（二〇一三）。

3.注意（Notice）：接著關注自己的身體，注意自己身體各部位的感受。從頭至腳開始觀察，頭頂有什麼感覺？太陽穴有什麼感覺？耳朵有什麼感覺？後腦勺有什麼感覺？脖子有什麼感覺？如實地一一地去感受，嘗試去接受這個感受。當我們接受這個感受，身體就會感到放鬆，覺得被安撫。

4.反思（Reflect）：進一步省思，為什麼情緒會增強？是非理性的自我內言引起的嗎？如果這件事和他人有關，請嘗試站在對方的角度想：「他和我一樣也期待快樂和平靜，他這樣做的原因，是不是有助於他的快樂？」「我想要自己的情緒被他影響嗎？」「他的情緒是真的針對我嗎？還是只是把我當代罪羔羊？」

5.回應（Respond）：選擇以最正向、最有建設性的方式回應。

一開始練習這個方法並不容易，但只要能做到神聖的停頓或深呼吸，就已經是很大的進步了！為了能在「緊急時刻」正確使用這個方

1.停止
2.呼吸
3.注意
4.反思
5.回應
?

法，平時可以多做身體掃描（Body Scan）[9]或寫情緒日記（Emotional Diary）：

●**身體掃描**：找一個不會被打擾的空間，一個可以安靜五分鐘的時間。輕閉雙眼，深呼吸五十次之後，慢慢將注意力放到雙腳，盡量停留久一點，持續做深呼吸；然後把注意力慢慢往上移動到腳趾、小腿肚，感受肌膚與空氣接觸的感覺，感覺身體內血液的流動；然後慢慢往上移到臀部、腰部、胸口、左肩、右肩、左臂、右臂、左手掌、右手掌、手指，再將注意力緩慢拉回肩膀，感受肩膀的壓力；接著將注意力上移，感受脖子的痠痛感、耳朵、臉部、眼睛、額頭。最後將注意力放回呼吸上，做五十次深呼吸之後，慢慢睜開眼睛。過程需盡量緩慢，如果有分心的情況，是在提醒你把注意力放回呼吸上面。

●**情緒日記**：每天空出時間寫日記，對某些人來說是很困難的事情，不過你可以先從每週兩天開始，花十到十五分鐘寫下當天發生的事情、那件事情帶給你的感受、那個感受如何影響你、身邊的人又如何反應等等。因為是情緒日記，盡量不要是流水帳，應把焦點放在情緒與情緒的影響力上面。

說不出的情緒最傷人

當我們用「西伯利亞北方鐵路法」，把情緒暫停下來後，接著要努力用建設性的方式表達情緒。《溝通的藝術》一書當中，提到幾個表達情緒的步驟[10]：

9. Segal, Z. V.、Williams, J. M. G.、Teasdal, J. D.。《憂鬱症的內觀認知治療》（唐子俊、唐慧芳、唐慧娟、黃詩殷、戴谷霖、孫肇玢、李怡珊與陳聿潔譯）。五南（二〇〇八）。

10. RonaldB.Adler。《溝通的藝術：看入人裡，看出人外》（黃素菲與李恩譯）（第十四版）。世界圖書出版公司北京公司（二〇一五）。

1. 靜心覺察情緒

首先我們要對自己的情緒有所覺察。當有人問你：「你的感覺如何？」你很容易就能回答出當下的感受嗎？還是覺得不知從何回答？（例如：「很煩，不知道怎麼講。」「反正就是悶悶的。」）

每個人的覺知能力不一樣，能夠覺察自己情緒的人，比較能夠進一步處理自己的情緒，有較高的情緒智商。如果你是屬於「低情緒感受」者，可以透過練習，靜下來傾聽自己的感受：此刻的感覺是正向的還是負向的？程度是強烈的還是輕微的？如果滿分是十分，你的情緒強度大約幾分？這樣的做法，也是焦點解決短期諮商（Solution-focused brief therapy, SFBT）中常用的「量尺」技巧[11]。

2. 擴充情緒詞彙

你可以在五分鐘內說出十個形容情緒的詞彙嗎？快樂、開心、生氣、傷心、難過……越能精確地描繪自己的感受，越能梳理自己的情緒。如果你不擅長表達情緒，有可能是受到語言的限制；簡單地說，就是你的情緒詞彙太少了，可能要練習擴充情緒詞彙（不妨利用前面提到的情緒日記來練習）。

3.真誠、謹慎地說出感受

說出「我真的很生氣」比跺腳走出大門更有助於情緒的降溫；直言「我感覺很緊張」也有助於化解緊張。這樣把情緒「**標籤化**」的方式，對於抒解情緒是很有效的。

除了直接用形容詞描述自己的情緒外，也可以用更生動的方式描述自己的感受，例如：「我好得意，感覺像是站在世界的舞臺，受到所有

11. Berg, I. K.、Steiner, T.。〈何謂焦點解決短期諮商（黃漢耀譯）〉。載於《兒童與青少年焦點解決短期心理諮商》。（二十九頁到四十二頁）。張老師文化（二〇〇四）。

觀眾的喝采。」或是「我覺得沮喪，想要放棄，不再做下去了。」

很重要的是，當我們表達情緒時，要讓自己和對方都知道情緒是一時的，是針對某個特定情境才有的。所以千萬不要只說：「我對你很失望。」而是強調在什麼情境下有此感受，例如：「當你再次騙我時，我對你很失望。」讓對方知道兩人的關係仍有轉圜的空間。另外，建議不要過度強化自己的情緒強度，例如：「當你遲到時，我覺得滿生氣的。」會比「當你遲到時，我感到超不爽的！」更容易被對方接受。很多時候我們強化情緒只是想要「以牙還牙」，利用語言攻擊讓對方感受到自己受過的苦。可惜，這樣的做法往往會傷害到你所愛的人，反而讓自己因為一時的「爽快」，增加更多負面的情緒。

4.感受情緒的多樣與變化

情緒很複雜，我們通常只挑選負向能量最強的那個情緒（如憤怒）來表達。其實在憤怒之前，你可能經歷了困惑、失望、悲傷或難堪等各種感覺。例如，女兒答應你今天晚上會在十點前回到家，但已經超過十一點仍不見人影，你心中的焦慮可想而知，偏偏女兒的手機又打不通……在這個過程中你有擔心、生氣、懷疑、害怕、煎熬、解脫、感恩等等情緒。這時突然聽到開門的聲音，一看到女兒走進來，你只記得表達生氣的情緒，「怎麼現在才回來！跑去哪裡鬼混了？」結果不歡而散。其實你可以讓女兒知道自己有多麼擔心她，見到她回來多麼開心，然後一起討論她為何晚歸的原因。

5. 針對適當的時間與對象表達

表達情緒的同時，你也要確認對方和你一樣是處在準備好的情況，盡量以對方能接受的方式表達。如果對方是你無法向他說明情緒的人，例如把你當掉的教授，或將你攔下臨檢的警察，這時選擇不表達可能是比較好的做法。此外，你可以寫出自己的想法和感受，再決定要不要給對方看。

6.開口前的練習

如果你擔心自己會「說錯話」，對方又是你的長輩或上司，可以先謄草稿、對著鏡子多練習幾次，確定自己不會意氣用事之後，再正式向對方表達。事前練習因為要額外花時間，不一定每次都要做，通常是在權力不均等（尤其自己是弱勢一方）或對方是你很在乎的對象時才派上用場。

7.選擇合適的溝通管道

如果你很難開口，請記得「說話」不是唯一的溝通方式。表達負面情緒時，我們往往害怕尷尬或爭吵，比較不願意面對面，這時候使用e-mail或傳簡訊等方式，或許可以給彼此多留一些空間。

8.「我的訊息」三段式表達法：感受、問題、期待

當我們表達自己的情緒時，用「我的訊息」是一個別人比較可以接受的方式。它分成三段式表達：

- **表達情緒感受**：誠實表達自己的情緒感受。
- **描述問題狀況**：具體描述問題的發生狀況。
- **期待改善方法**：說出你希望事情如何做才會更好？

以前面的例子來說，當女兒沒有照約定的時間回家時，你可能會生氣她不守信用，同時也擔心她的安全。因此當她一開門回家時，在情緒失控下脫口而出可能破壞親子關係的話。

這時候，可以這樣說：「我很擔心妳，也感到有些生氣（**表達情緒感受**）。妳說好九點半要到家，一直到十一點才回到家，而且沒有事先

打電話告訴我。我一直聯絡妳，但聯絡不上，擔心得無法入睡（**描述問題狀況**）。希望妳以後要為自己的承諾負責，若臨時無法準時回家，也一定要設法讓我知道（**期待改善方法**）。」這樣的說法既可以理性地表達自己的情緒，也讓女兒更能夠接受，達到溝通的效果。

在情緒失控之前，請先穩定自己的情緒，試著和自己的內在情緒溝通，再選擇適當的表達方式，說出自己的感受和想法。

愛自己，請好好和自己說話

瑜伽大師斯瓦米拉瑪（Swami Rama）說：「人是自己的建築師。透過不斷的自我內言，形成心印。」而在心理諮商上著名的「理情療法」就是透過改掉不理性的自我內言，解決情緒的困擾。

自我內言，是自己對自己說話的方式，對幸福感有很大的影響。當自我內言是正向、理性的，情緒會較為平和，且感受到幸福；如果自我內言是負向、非理性的，則往往是自尋煩惱的開始。

六大非理性自我內言

「我怎麼這麼笨，連這種事情都做不好？」

「反正老媽就是那種個性，我做什麼、說什麼，她都不會滿意的。」

「他連來接我都不肯，我們的感情只能走到這裡了吧！」

「我果然是不被重視的，像是錢包裡的零錢一樣，是多餘的。」

這些「聲音」對你來說很熟悉嗎？你很容易對自己和別人有不實的期待，甚至出現這些自我貶抑的語言而不自知嗎？那些殘害自己的自我內言，往往影響著我們的情緒與生活。

常見的非理性自我內言包括：

1. 自我貶抑

自我貶抑，經常出現在對自己有高度要求的人身上。

有一次我受邀到一所學校演講，希望能和臺下的老師們多一些互動，所以邀請幾位老師上臺分享自己的經驗。他們的表現活潑生動，帶動了現場的氣氛，也讓我忽略了時間的掌控；等到要進入正式主題時才發現，剩下十五分鐘就要下課了！

演講了十幾年的我遇到這種情況，也亂了陣腳。「天啊！我怎麼可以犯這種錯誤呢？為什麼沒有把時間掌握好？」心裡開始不停地責備自己。幸好，我很快覺察到這樣的想法於事無補，於是告訴自己：「沒關係，我不是完人，犯錯在所難免！」

我靜下心來想想，這場演講最想分享的重點是什麼？然後直接跳脫PPT簡報，善用這最後十五分鐘，做了簡潔而有力的分享，也獲得現場聽眾的熱情回響。這次的經驗讓我對自己隨機應變的能力有了肯定，並且發現最棒的演講就是真誠的對話和分享，從此不再那麼依賴簡報檔了。

犯錯是讓自己變得更好的開始。如果你在溝通上遇到了一些挫折，不妨在承認錯誤之後放下自責，告訴自己：「啊！剛剛我那樣講真的不太好，我來想想有什麼辦法補救。不管如何，這對我來說也是一次很棒的學習經驗，提醒我以後一定要更進步！」

2.不實的期待

有一位高中女生悶悶不樂地回到家。

媽媽：「怎麼了？看起來不太開心？」

女兒：「唉！人怎麼那麼麻煩？」

媽媽：「怎麼說呢？」

女兒：「我們在練習謝師宴的開場舞時，那個阿泡意見很多，我提出來的意見她都反對，她是對我有意見嗎？我到底哪裡得罪她啊？」

媽媽：「她反對什麼？」

女兒：「我說要穿短褲，其他人都覺得開場這樣比較辣，只有她反對。我說動作要盡量有力、大方，其他人都說好，她卻說動作太

over不好。真是氣死我了！」

媽媽：「所以大部分的人都支持妳的看法，就只有她不認同？」

女兒：「對呀！就她一個人反對。我是哪裡惹到她啊？」

媽媽：「妳希望得到所有人的認同和肯定對嗎？」

女兒：「嗯！」

媽媽：「但妳覺得每個人的想法有可能都一樣嗎？」

女兒：「怎麼可能？」

媽媽：「對啊，有那麼多人認同妳的看法，一定是妳很會溝通，把自己的想法說明得很清楚。但即使如此，還是有人會有不同的意見。」

女兒：「也對耶！有那麼多其他同學支持我的看法是一件值得感謝的事。我現在覺得好過多了！」

媽媽：「是的，不被認同是很正常的。不要期待所有的人都可以認同我們。」

女兒：「真的耶！我好像自尋煩惱了一整天。」

不實的期待常常發生在我們的生活四周，並且往往讓人陷入「別人怎麼都跟我作對」或「他就是針對我來」的感受。但事實是，沒有人有義務認同你；換言之，你也不需要因為和其他人的想法不同而爭吵、感到失落。

3. 放大錯誤，過度推論

只要是人難免會犯錯，非理性的自我內言是把自己犯的錯誤無限上綱，彷彿這樣才能消弭罪惡感。但有時候反而把自己逼進情緒的死巷。

有個學生跟我說，她因為忘記母親生日感到自責。她不斷地對自己說：「天啊！連媽媽的生日都會忘記，我算什麼女兒？」

錯過了母親的生日，的確是一種遺憾，但與其耽溺在無法改變的悔恨之中，倒不如把焦點轉移到可以控制的事情上。例如，她可以跟自己說：「啊！我忘了媽媽的生日，真是抱歉，也許這個週末我可以請媽媽去她最喜歡的餐廳吃飯！」

4.過度類化

為了宣洩情緒，有時候我們會誇大事件的出現頻率。例如：「不管我說什麼，兒子一定都會頂嘴。」「老公從來都不聽我說話，他總是自顧自地看電視。」「他每次都遲到！從來沒有準時過。」「我每次上臺都很緊張，待會一定也很慘。」這樣的自我內言，誇大了事實的嚴重性，強化了負向感受，甚至造成溝通的問題。

5.怪罪他人

認定情緒由他人引起，自己沒有選擇的餘地。

我們常聽到有人說：

「都是他害的，要不是他背叛了我，我怎麼會走不出憂鬱呢？」

「如果不是兒子一天到晚和我頂嘴，我應該天天都會很開心。」

「都是他亂講話，說我喜歡對面那個男生，害我超級尷尬的！」

說出這樣的話，表示自己的情緒是掌握在別人的手上。事實上，我們會有這樣的情緒，是自己的選擇。因此只要在言語中加入「我可以選擇」，就會有不一樣的結果。

「他背叛了我，我感到很生氣，但我選擇不要憤怒太久，不再讓他破壞我的心情。」

「兒子和我頂嘴時，我很容易抓狂，但我也可以選擇不要生氣，仔細聽聽他想表達的是什麼。」

「他亂講話，說我喜歡那男生時，我覺得很尷尬。但是我選擇不要因為這個謠言，破壞心情。」

6. 災難性預言

人難免有情緒低落的時候，有時難免會誇大實際的問題：

「我完蛋了！這絕對是我遇過最糟糕的事！」

「上帝為什麼這樣對我？我活不下去了！」

「我的人生毀了！這輩子都毀了！」

有時自我內言就像遇到世界末日一樣，把我們推向情緒的災難之中。越感覺人生災難來臨時，越要拒絕這種災難性的自我內言。不妨想想：雖然現在情況很糟糕，但會不會有其他選擇呢？

儘管想要改變傷害性的自我內言並不容易，畢竟很多是從小就根深柢固地深植在心裡的話。不過你可以時時留意自己什麼時候又冒出類似的話？當那些負面的自我內言出現的時刻，先不要做任何的反應，嘗試像看藝術品一樣去觀看它，然後問自己：「它是真的嗎？還是我太誇張了？」只要你願意嘗試，相信就會出現轉機。

無論是自我貶抑、不實的期待或是災難性預言，都會影響我們的情緒。改掉不理性的自我內言，你才能遠離情緒的煩惱。

問對問題，開啟好話題

當你不知道要說什麼的時候，使用轉換發語權，是不錯的方法。你可以嘗試問對方一個對方感興趣的問題，然後認真地聽他說。

Bob是我的朋友之中最會傾聽的人，和他說話真是一件非常舒服的事。他平常很喜歡寫詩，在一次詩人的聚會中，他剛好和一位頗負盛名的女詩人坐在一起。但卻因為緊張，不知道該聊些什麼才好？於是，他運用了「轉換發語權」的技巧，引導對方多說話。首先他拋出了一個很棒的問題：「妳覺得是什麼原因讓妳的書這麼受歡迎？（**動機式提問**）」

於是這位女詩人開始訴說自己認真寫作及遇到伯樂的過程。而Bob只是專注傾聽，時而點頭、時而微笑。後來他又問：「如果有晚輩希望像妳一樣成為名詩人，妳會給他什麼建議（**連結式提問**）？」女詩人也大方地分享自己的見解。

這樣侃侃而談了半小時後，她告訴Bob：「和你談話真是開心！你真是一位談話高手，讓我不知不覺說了這麼多。」

其實Bob整晚所說的話可能不超過五十個字，他所做的只是鼓勵對方多說話而已。但是，光運用「轉換發語權」這個技巧，就讓彼此的對話過程變得愉快。

如何轉換發語權，告別冷場

●**鎖定目標**：挑一個彼此感興趣的問題。例如在喜宴上可以談談彼此認識新人的過程，在研討或發表會上可以談論對方正在做的研究等等。

鎖定目標
真心稱讚
動機式提問
連結式提問
具體肯定
冷。

●**真心稱讚**：如果你對對方有一些初步的了解，可以在問句中加一些真誠的讚美，例如「我有聽過朋友提過你呢！我很好奇當初你怎麼會想要做這個專案？」或是「我讀過你寫的書，我最喜歡第二章談到的貓抓老鼠的例子，我還想知道……」

●**具體肯定**：也許你會擔心剛見面就稱讚對方，會不會讓人有假假的感覺？其實，只要你具體地說出喜歡對方的某個優點或做過的某件事，對方通常都會被你的真誠打動。

●**動機式提問**：如果你希望對方多說一點，可以用「為什麼」來開頭，因為這通常牽涉到他的行事作風或價值觀核心。一般人如果被「戳」到這個點，往往就能侃侃而談。

●**連結式提問**：問句可以串連兩人之間的關係，例如：「我嘗試過要寫作，可是常常半途而廢，你都是怎樣堅持下去的？」或為彼此共同關心的事情創造話題：「結果後來那個案子怎麼樣了？」簡單地說，就是讓對方感覺到：「原來我在乎的事情，你也在乎！」

舉個例子來說，有一次我到南京演講，在歡迎宴（**鎖定目標**）上遇到一位協助聾啞學校設計電腦程式的工程師，他知道我曾是特殊教育老師，便說：「劉教授，請問在臺灣，妳們怎麼幫聽障學生做聽覺的電腦化管理呢？」我向他坦承自己離開聾校已經超過十年，對於他的問題不是很清楚。但是如果只說到這裡，兩人的交集很可能就此打斷。

我決定試試「發語權轉換」的技巧，於是問他：「聽說你幫這間聾校設計了很棒的程式（**真心稱讚、具體肯定**），是怎麼辦到的？」他馬上眉飛色舞地向我說明這套系統如何經過千辛萬苦研發出來，足足講了十分鐘。

我又問他：「當時怎麼會想要開發這個系統呢？」（**動機式提問**）他又滔滔不絕地說了十分鐘。最後我問：「那未來你想要怎麼做呢？」這時他的眼睛更是為之一亮，開心地和我分享，想要把這套系統擴展到社區的健康管理。雖然從頭到尾，我只是負責聆聽，他仍然很滿意那天的「交流」。一直到餐會結束，他都意猶未盡，還熱情地邀我去他的辦公室觀摩目前正在開發的軟體。

有些時候，問問題的目的並不是為了「求」一個答案，而是「聽見」對方，表達對他的興趣。大部分的人都喜歡分享，樂於說出自己得意或有興趣的事，當對方願意傾聽，就會覺得很開心。

掌握主動權

有些人可能會問：「如果對方說話真的很無聊，引不起興趣怎麼辦？」其實這個問題沒有標準答案，要視情況而定。畢竟有些場合你想逃之夭夭卻跑不了，也有些時候是「一開始很無聊，後來越聊越有趣」。如果你覺得這個場面令人緊張，記得掌握「主動」；當你越是畏畏縮縮，對方越想要來關心你，結果就陷入「被動」、「被追問」的狀態。如果你真的不知道要說什麼，不妨禮貌地跟對方說聲謝謝，適時結束話題。

但是，也要注意提問後對方的態度。有些人來喝喜酒，就是想默默吃東西，不喜歡有任何交集；或是來到宴席之前發生了不愉快的事情，這時你的搭話就會變成一種負擔。因此，使用轉換發語權技巧時，還要搭配「察言觀色」。若是對方的表情或肢體出現退縮，或是一開始就只顧著滑手機，跟你說話時心不在焉，往往透露了「我不想說話」的訊息，這時候就不要再強人所難。

害怕說話冷場嗎?試試「轉換話語權」的技巧吧！

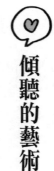

傾聽的藝術

溝通是互相整理的過程

我們每個人都活在「自己眼中的世界」裡，戴著一副有色的眼鏡在觀看、感知這個世界。除了每個人對事情的看法不同，不同事件所引起的情緒反應也可能不同。例如，一個從小就被父母忽視、受到不平等對待的女生，即使長大成人，心中可能還住著一個渴望被關愛的小女孩。當有一天，她到便利商店排隊結帳買便當時遇到有人插隊，當場暴跳如雷；因為那樣不公平的情境，喚起她童年時的傷痛記憶。

或許，一般人不覺得因為一個陌生人插隊，導致結帳慢兩分鐘有什麼關係。但是倘若你願意摘下有色眼鏡，去關心她在想什麼？為何反應如此激動？就可以理解她的感受。

當你發現有人認真聽你說話，就會產生「被在乎」的感覺。但光是用耳朵聽還不夠，而是要用「心」聽。你可能會覺得這很抽象，那麼不妨回想一下自己是否有過「我在說話，別人卻心不在焉」的經驗，當時你的感覺是什麼？

很多時候，我們講話是不經大腦的。例如你今天在外面工作了一天很累，下班後想跟朋友或家人吐吐苦水，於是從上司如何壓榨你、新來的工讀生如何不受教，甚至中午去的快餐店太難吃等等，都變成抱怨的內容。說完之後，你內心可能會覺得舒坦一些，但也有可能繞了一圈，還是不知道自己想要表達什麼。

抱怨的背後常常隱藏著人生中重要的課題，這時如果有人能夠認真傾聽你說話、整理並摘要你說的內容，通常能協助你釐清內心的思緒。

溝通其實就是一種「互相整理」的過程，你協助我釐清想法，我幫忙你整理概括。在這樣的過程中，雙方都會獲得好處，聽者獲得「摘要」的能力，說話者則更能修正自己的思考邏輯。而且更重要的是，兩人的關係會因為聆聽而變得更緊密。

傾聽的技巧

每個人都渴望自己能被看見、被了解，因此學會傾聽，絕對是良性溝通的第一步。「傾聽」和「聽」不同，除了用耳朵聽，更要用心專注、用腦理解、記憶，並且用口回應。可惜我們所受的教育很少教導大家如何積極傾聽，它是一門很奇妙的學問，我們很難掌握所有的技巧。在一般人的印象中，一些助人工作者（如精神科醫師、社工或心理師等）往往深諳聆聽之道。

我曾經問過一個心理師朋友，他的個案都會花錢去跟他聊天，但是要怎樣才知道晤談對當事人來說是有益的？他半開玩笑地說：「雖然我不確定妳說的『有益』標準是什麼，不過有一件事情是確定的——當妳發現諮商室裡面傳來都是諮商師的建議，個案幾乎都沒說到幾句話的時候，通常不太會有效果！」

這些助人工作者，往往一天都要花好幾個小時「傾聽」個案的故事，有時候一整天下來沒有說什麼話卻累癱了。雖然我們不需要做到那樣專業，但如果懂得一些聽話的技巧，一定能「和誰都聊得來」！我以自己多年來鑽研溝通的研究經驗，整理出幾個實用的傾聽技巧，提供大家參考。

傾聽技巧一：利用身體語言表達關心

用「ＳＯＬＥＲ」提醒自己，是否在「身體」上讓對方感受你的專注。ＳＯＬＥＲ是一種身體的語言，也就是「無招勝有招」。有時候我們說得再多，也比不上一個真心的眼神接觸。當我們願意放下其他事情，專注面對傾訴者，用真誠的眼神看著對方，加上適時的點頭、微笑，即使不開口，也已經給予對方內心的支持。所謂的「ＳＯＬＥＲ」是指：

S**面向對方（Squarely）：**如果對方跟你說很重要的事，千萬記得先暫停正在做的事，不然就變成單向的溝通。

O**採取開放的姿態（Open）：**把自己想像是一個杯子，接納對方想訴說的話。雙手不要抱在胸前，可以用自然的方式放在膝蓋上。

L上半身向對方前傾（Lean）：這會讓對方感覺到你想多了解他，但不要傾斜得太誇張，否則會讓對方有壓迫感，或是覺得你太過做作。

E眼神接觸（Eye Contact）：眼神適當地注視對方，讓他感到自己受到關注和尊重。

R放鬆（Relax）：保持身體輕鬆自然。

傾聽技巧二：把自己當作鏡子，用簡短的回應引導對方說話

當朋友分享自己的困擾時，我們往往會覺得，身為好朋友，一定要幫上忙。但是，這其實是錯誤的心態。一個好的傾聽者，會相信對方有能力為自己的生命負責。所以，傾聽者要做的是鼓勵對方多說話，因為透過話語可以梳理糾結的思緒。這時候你只要利用簡短的話語，讓說話者順水推舟地繼續話題，協助他自己解決問題即可。

傾聽者需要扮演的角色是一面鏡子，如實地反映給說話者。讓我們來看看下面的例子：

女兒剛搬到高中宿舍不到三天，就打電話回家，說不想再住在學校宿舍了。

女兒：「媽，我可不可以退宿？」

媽媽：「啊！怎麼了？」

女兒：「我昨天半夜一點被蚊子咬醒，就睡不著了。」

媽媽：「這麼慘？」

女兒：「然後我就去上廁所，聽到有人在說話，應該是室友在說夢話。但我覺得很恐怖，開始胡思亂想，會不會是農曆七月鬼月的關係，就再也睡不著了。」

媽媽：「啊？」

女兒：「結果好不容易睡著之後，很快又被室友設定五點的鬧鐘鈴聲給吵醒了。」

媽媽：「天啊！」

女兒：「我在想，是不是要告訴室友，她的鬧鐘設得太早、太大聲了。」

媽媽：「嗯！」

女兒：「但又怕她覺得我這個室友管太多……」

媽媽：「唉！（沉默）那妳覺得怎麼做比較好呢？」

女兒：「如果以後我把蚊帳掛上，睡眠狀況好一點的話，應該不會那麼在意室友的鬧鐘聲響，其實我也滿希望早起的。如果還是不行，我再找機會把我的困擾告訴室友。她看起來人不錯，等兩人相處久一點時再試試看。」

女兒和媽媽談過後，就向舍監申請蚊帳，果然第二天晚上一夜好眠，和室友的相處也越來越好。

這位媽媽雖然關心女兒的問題，但認為女兒有能力自己解決，因此只是用簡單的話語引導，鼓勵她說出解決問題的方法。在溝通時扮演一面鏡子，並不是要你像機器人一般，「嗯嗯啊啊」地回應，而是給予對方說話空間。換句話說，你必須讓對方感覺到幾件事：

1.同理：雖然你不在他身邊（或者至少沒有和他有相同的遭遇），他也能感覺到你試圖想要了解他的狀況和情緒。

2.支持：讓當事人覺得，不論他說什麼，你都願意在身邊陪伴他。

3.接觸：讓他更能和自己、和事件、甚至和情緒接觸。因為唯有面對它，情緒才能被抒解。

很多時候，我們需要的只是一個情緒的出口。當對方知道有一個可以聽自己說話的人，這樣的「關係」就足以產生能量，幫助他去解決生命中的問題。所以在扮演傾聽角色時，話多不如話少，並且要相信對方有能力為自己的人生負責。

傾聽技巧三：問真誠的問題

在Bob跟詩人相遇的例子中，他所使用的技巧（鎖定目標、真心稱讚、具體肯定、動機式與連結式提問等），其實只為了一件事——拋出合適的問題。一個好的問題不僅可以讓對方打開話匣子、暢所欲言，在說話的過程中能更了解自己的想法，也可以讓提問者對事實和細節有更多了解。

你一定遇過「句點王」，不論在什麼場合，只要他一說話或問問題，場面瞬間就會冷下來。為什麼會這樣呢？通常會發生這種情況的原因是，他總是只想到自己，沒有考慮到在場其他人的感受就發話。還有，在問問題的時候，他問的其實不是真誠的問題，而是虛偽的問題。

1.虛偽的問題：藉由問題傳達自己的想法，或想改變對方。例如：「你也不喜歡周杰倫的歌，對嗎？」這樣的問題，很容易就讓對方陷入困擾。此時對方不得不捍衛自己的立場，表達不同的意見：「不會啊，我喜歡周杰倫的歌。」要不然就是模稜兩可地附和：「他的歌的確有些地方不是很好。」

2.真誠的問題：目的在於「更了解對方所經歷的經驗」。在上面的例子中，如果只是單純地問：「你對周杰倫的歌有什麼看法？」這樣對方就會容易回答多了。

3.脅迫式的問話：脅迫對方認可的問話。例如：「你答應我會在晚上九點以前回到家，結果十點半才到家，你食言而肥了，不是嗎？」讓對方很難接話。如果我們把問題改為：「你答應我會在九點以前回到家，結果十點半才到家，發生什麼事了？」同樣是想了解對方晚歸的原因，後面的「開放式」問法比較能把說話權還給對方，讓他說出「真正想說的話」。

總之，請謹記問話是一種鼓勵對方「多說一點」的方式，而不是當作「表達自己」或「要求對方認同自己」的工具。

傾聽技巧四：摘要式重點整理

當你專注地聽完對方的一席話後，可以把重點簡短扼要地說一遍。這樣做有兩個效果：一來可以讓說話者感受到被了解的溫暖，二來則有機會澄清被誤解的地方，進而讓兩人之間的溝通更順暢。舉一個實際發生在我朋友Kevin身上的例子。

Kevin是一位國中數學老師兼總務主任，在他任教的學校裡，除了教學之外，不管是工程發包、水管漏水、教室出現蟑螂等大小事都是他的業務範圍，工作既瑣碎又無趣。漸漸地，他開始萌生辭意，想要從事自己更有興趣的露營營地規劃工作。於是他對好友Johnny說：「我最近對學校工作有點倦怠，想要出去闖闖，做點不一樣的事。可是學校的待遇很穩定，出去的收入可能只有現在的一半。我媽也完全不贊成，她說當老師最好了，叫我不要胡思亂想，做到退休就對了！我真的就要這樣過一生嗎？」

學過心理諮商的Johnny，深知很多時候「訴苦」的人只是想要更了解自己的問題，並不是真的期待對方幫忙解決問題。於是，他把Kevin的意思再簡短重述一句：「你是說，你對學校工作有了倦怠感，想要換工作，又考量到經濟問題及媽媽的看法，不敢貿然行動，但心中又有些不甘，是嗎？」

Kevin說：「對啊！就是這樣！」

雖然他沒有提出任何解決的方法，不過光是讓Kevin感覺到自己被「懂」，就是很大的幫助了。反過來說，如果Johnny熱心地提供意見會怎麼樣呢？

Johnny：「什麼？別傻了！你居然考慮辭掉大家擠破頭想要的鐵飯碗？你知道我大伯的兒子考教師甄試考了幾年嗎？而且你們退休後還有什麼十八趴的退休金，福利有夠好！」

Kevin：「沒有啦，我們這一代沒有十八趴的優惠了！」

Johnny：「真的嗎？那報紙上怎麼一直說你們當老師的有十八趴？」

Kevin：「要民國八十四年以前的年資才有啦！不管了，先這樣吧！我有事先走了。」

如此一來，Kevin心中的煩悶不減反增，再也不願和Johnny談論這個話題了。

你發現了嗎？很多時候「給意見」會不小心傳達出「自己在乎的事」（而不是對方在乎的事），所以如果太急著給意見，反而會讓問題失去焦點。

重新整理、述說對方的話語，可以讓對方覺得被了解，也可以適時澄清自己未被了解的地方。不過要注意的是，千萬別只是重複對方的話，聽起來很不自然，像翻譯機一樣。

William：「今天去我女朋友家好累唷！不去又不行……唉！」

Jim：「你去女朋友家，覺得很累，不去又不行。」

William：「對啊！她們家的家教很嚴，不准我去她房間，而且她媽媽一直東問西問的，像是做身家調查。」

Jim：「她們家教很嚴，不准你去她房間，而且東問西問，像做身家調查。」

William：「你幹嘛學我說話啊？煩耶！」

比較好的做法是，用「自己的話」說一遍他想表達的內容，然後確認對方的意思是否跟你一樣。

William：「今天去我女朋友家好累唷！不去又不行……唉！」

Jim：「你是說，你不想去陪女朋友？」

William：「嗯，她們家的家教很嚴，不准我去她房間，而且她媽媽一直東問西問的，像是做身家調查。」

Jim：「所以，你不是不喜歡去陪她，而是不習慣她家裡的管教方式？」

William：「也不完全是啦！老實說，我最近覺得她太黏了……」

你會發現William想說的東西更多了，也更貼近與釐清自己的「煩惱」，究竟是來自和女朋友的關係狀態，還是和女友家人的相處問題。此時，如果能做到下一個技巧就更棒了！

傾聽技巧五：情感反映

當聽完對方的一段話後，可以用簡短而正確的話語，表達出對說話者的情緒或感覺的了解。例如Kevin想要離開學校工作，又擔心新工作沒有穩定收入，而且母親堅決反對他辭去工作，很明顯地可以感受到他處於兩種相互矛盾的心情：一種是工作收入穩定，不敢貿然行動的擔憂感；另一種是一想到可能要把餘生虛擲在學校，覺得不甘心的心情。如果Johnny讀取到這兩個情緒，就可以這樣說：

Johnny：「聽起來你很煩惱，也很矛盾，不知怎樣做才最好。是嗎？」

Kevin：「就是啊！真的不知道該怎麼辦？但很謝謝你願意聽我說。」

採取開放的姿態
上半身向對方前傾
面向對方
眼神接觸
放鬆

William的例子也是一樣的。

William：「今天去我女朋友家好累唷！不去又不行……唉！」

Jim：「你看起來真的很累，而且感覺很無奈耶（**情感反映**）。」

William：「對啊！她的家教很嚴，不准我去她房間，而且她媽媽一直東問西問，像是做身家調查，真的很煩！我本來想跟她討論這件事……沒想到我告訴她自己的感受，她就不理我了。」

Jim：「聽起來你有些不知所措（**情感反映**），說出自己不喜歡去她家的真心話，卻惹得她很生氣（**換句話說**）。」

William：「對啊！我還真的不知道接下來要怎麼做？」

Jim：「那你有什麼想法嗎？」

William：「我其實想過……」

你會發現自己就像一面鏡子，把對方說話時的情緒、感受，透過自己的話語反映給他，他就覺得被「擁抱」了。很多時候我們以為自己被困在「事情」裡，但真正困住我們的不是事情本身，而是背後的情緒。如果把對話譬喻成打怪物，聽者的任務就是充當誘餌，協助他把情緒抓出來，然後讓他自己「消滅怪物」，或是找到「和怪物相處」的方法。

傾聽技巧六：用「支持性傾聽」取代「冷安慰」

說話者除了希望聽者能真正聽懂他們的意思和感受外，也希望能獲取傾聽者的支持和鼓勵。特別是在壓力大或沮喪時，聽者的同理、認同、讚美、提供協助，會讓說話者覺得自己找到力量、信心和勇氣。這樣的反應模式稱為「支持性傾聽」。

比較一下兩種回應方式，支持性的傾聽是「以對方為中心」的回應，冷安慰大多是「以自己為中心」的回應。

狀況	支持性傾聽	冷安慰
A 好擔心微積分被當啊！	同理 B 是啊！這門課也給我很大壓力！	否認對方感受 沒什麼好擔心的啦！
A 這間房子既沒有空調，也沒有廚房，租金六千元真的太貴了。	認同 B 是喔，我也覺得，超貴的！	看輕事情的嚴重性 只不過是六千元而已，別要求太多。其實這沒什麼大不了的啦！我之前還租過一個月一萬兩千元的房子，連廁所都沒有呢！
A 總算把廚房清理完畢了！	讚美 B 哇，謝謝你！廚房變得好乾淨、好舒服唷！	誤解語意或感受 你是想說我都沒在打掃嗎？還是你想暗示我該洗衣服了？
A 明天就要搬家了！我得趕快回去打包才行！	提供協助 B 需要支援的話跟我說，我挺你！	把話題導向自己 說到搬家，上次我認識一個搬家公司的小妹還不錯耶，我們還互相交換 Line……
A 離婚後，我覺得自己一無所有。	恢復信心 B 這真的是很難熬的一段時間，可是你還有我啊！再痛，我都會陪你一起走過。	把話題導向自己 別自責！時間是最好的治療師，十年後再看這件事，你一定會覺得自己怎麼那麼傻（他真的是「自責」嗎？還是混合別的、更多複雜的感受）？ 否認對方感受 你不需要這麼痛苦，真的！她不是一個值得你花時間去悼念的人！ 火上加油 什麼?!她也太可惡了吧！你對她那麼好，她竟然這麼不珍惜？

一段聆聽是否能讓人感到溫暖，關鍵就在於聽者能否走出自己的世界，去貼近對方現在經歷的各種情緒。那些總是待在自己圈圈內的人，說穿了並不是真的想安慰對方，只是希望對方「不要把自己給拖下水」，所以不敢進入對方的世界。

傾聽技巧七：謹慎地給予忠告

當說話者想要解決某個問題，卻不知所措時（也就是他此時需要的不是情緒安撫，而是理性的做法），我們還是可以提出一些具體而明確的分析、忠告或評論，來幫助對方。只是在說話之前，必須把一件事情放在心裡——只要你開始提出忠告、分析或評論，就不知不覺地隱含著「你的看法和觀點比較高明」，反而置對方於不利或較低的位置。這樣的不平衡，很容易造成「說話者的防衛」。比方說，有些時候妳說的雖然是對的，可是她卻不承認。

A：「每次都這樣，自己愛跟別的女人搞曖昧，還不准我和其他男生單獨出去……」

B：「妳有發現自己也很矛盾嗎？其實妳心裡也想跟別的男人一起出去吧？只是妳不敢做，但是他敢做！我看妳根本就是羨慕男朋友可以光明正大地偷吃，而妳卻要被壓得死死的……」

A：「哪有！我是真的有公事要談耶，跟他不一樣……」

儘管事後A可能發現B的分析戳中了她的心裡話，但當下卻很難接受，而採取否認或防衛的姿態。如果處理得不好的話，不但無法獲得幫助，還可能因此吵起來。因此，在提出分析、忠告與評論時，我們要先確定幾件事：

1.心態：自己是真心想要幫助對方嗎？還是只是想要表現出自己比較厲害？有些時候，我們的傾聽與幫助，只是滿足自己「需要被需要」的需求。

2.需求：對方有表示需要我們的分析、忠告和評論嗎？你可以用這樣的句子跟他確認：「你覺得我可以怎麼幫你呢？」「我能幫上什麼忙嗎？」或是「你會想聽聽看我的看法嗎？」如果他需要的是情緒支持，可能會說：「沒關係，只要有人聽我說就好了」；如果他需要務實的解決方案，他可能會回答：「你之前有類似的經驗嗎？那時你是怎麼做的？」

3.關係：你們已經用其他的傾聽方式建立了很好的關係，並且對事情的來龍去脈，確定了解清楚了嗎？如果你的心態正當、對方也的確提出需求、而且兩人的關係不錯，就可以嘗試給他一些建議。否則，請先調整心態、確認對方的需求或建立關係，再來嘗試給予忠告。

與其幫對方設想「解決」方案，不如陪伴在他身邊

有些場合，例如朋友找我們聊心事、當他們的失戀傾訴對象時，我們常常會犯一個錯誤：試圖幫對方解決問題。

當一個人處在心情低谷的時候，真正需要的不是「加油！」「你可以的！」「我以前也是這樣，後來還是走出來了！」「你要不要嘗試看看……」這類鼓勵的話語，而是有人「陪」在身邊的感覺。

我很喜歡網路上的一部寓言影片《同理心的力量》，一隻狐狸心情低落，掉到情緒的地洞裡面，牠的山羊朋友從地洞上面探頭下來說：「放心啦，事情會好轉的！」「你要看開一點，至少……」結果狐狸的心情沒有因此好轉，反而覺得對方根本不懂牠。反觀牠的大熊朋友從頭到尾都沒有說太多，只是爬下繩梯和牠一起坐在地洞裡，當

試去感受牠的情緒，讓狐狸感受到自己是被「連結」的、不孤單的。

傾聽不只可以讓說話的人感覺開心、幸福，甚至還可以幫助憂鬱的朋友走出幽谷。曾受憂鬱症之苦的朋友告訴我，當時許多朋友關心她，但總是說得太多、勸得太急，例如：「妳不要想太多，要往好處看，妳一定會好起來的！」這些道理她都懂，但就是做不到；她覺得全世界沒有一個人可以懂她，讓陷入沮喪和焦慮之中的她，感到好孤單。她說：「當時我需要的是有人願意好好地聽我說話、了解我、陪伴我，讓我的憂鬱可以找到一個出口。」

就像這部寓言影片最後所說的：「『回應』很少讓事情好轉，因為真正讓事情好轉的，是『連結』！」聆聽心情低落的人說話，你需要的不是方法，也不用試圖幫他「扭轉想法」，而是「陪伴」。你可能會覺得自己什麼都沒有做，也沒給出什麼建議，但當你試圖將自己的心情電視臺轉到和他一樣的「下雨頻道」，其實就是一種幫助。

用愛心說實話

好友Jenny和老公已結婚十年，小兩口十分努力地工作，總算在市郊買了一間新房子。同事們聽說她買了新房子，也都迫不及待地跑來參觀她的新家。

「哇！這家具都是實木的，好有味道。妳在哪裡買的？價錢貴嗎？」

「採光和通風都好棒！一走進來就覺得心情好清爽。」

大家都稱讚Jenny眼光好、很會挑房子，還巧手慧心地將家裡的每個角落佈置得很別致，讓她聽了好開心。

沒想到，最近開始研究風水的同事Mia突然說：「Jenny，一進門就看得到你們家的廚房瓦斯爐，我的風水老師說，這樣夫妻很容易吵架失和唷！」原本歡樂的氣氛瞬間凍結了。

Jenny雖然知道Mia一向心直口快，但不免尷尬起來，「是喔！當時沒有想那麼多耶！只是覺得這樣設計會讓空間比較開闊……」接下來，大家就開始七嘴八舌地討論還有哪些風水禁忌，像是桌子擺放的位置剋夫、樓梯的方位傷身等等，甚至連床頭兩人的婚紗照，都被診斷出「帶有煞氣」。

原本Mia只是誠實地說出了自己的擔心，善意地提醒Jenny要注意，但卻破壞了聚會的氣氛。雖然Jenny不相信瓦斯爐的方向真的會影響和先生的感情，但心裡還是有些毛毛的，心情也變得忐忑不安。

其實更好的做法是，Mia可以回去請教風水老師如何破解後，私下和Jenny說：「嘿！我最近學了風水。那天去你們家，我發現很多地方都符合風水的原則，是標準的福宅，只是瓦斯爐的位置不太理想。沒關係！我們老師說，只要在大門與瓦斯爐之間擺上一盆盆栽就可化解了。不過，這只是我這個初學者的淺見，不見得對，只是給妳參考啦！」

如果是私下說，而且提供具體改善的方式，Jenny更容易接受這樣的建議，也會對她心存感謝。我們在說實話前，要先想想對方的心情。有些實話說出來確實傷人，此時就要用愛心調味。只是，有些人不懂得說話技巧，反而把「調味」變成「說謊」。

人們為什麼愛說謊？

我們從小就被父母和師長教導不要說謊，而現實情況往往是，說了一個謊，就必須要說更多的謊話來圓謊。沒有人喜歡被欺騙，一旦發現自己被騙，通常會很生氣，不再信任對方。

有句話說得好：「不要欺騙人，因為你能騙到的都是相信你的人。」倘若你的謊言不幸被識破了，這世上願意信任你的人就更少了。

一項心理學實驗指出，人們說謊的次數比一般人想像得多。例如在初次見面的十分鐘內至少會撒一次謊，和另一半相處十次就會出現一次謊言[12]。

為什麼我們痛恨被欺騙，卻很難控制自己不去說謊？最主要的原因是，說謊可以得到「暫時的幸福」。例如可以讓對方開心、逃避責備、處罰和麻煩，或是讓自己的面子得到滿足等。它就像是一劑馬上見效、但容易上癮的止痛藥，可以快速去除痛苦，但具有副作用。

謊話最好少說，就像止痛藥最好少吃，能不說最好。最好的說話方式，就是說實話。說謊的一方，因為擔心被識破，可能終日惴惴不安。說實話的人，不但心情輕鬆，也不需要花費多餘的心思去擔心謊

12. Feldman, R. S.、Forrest, J. A.、Happ, B. R.（2002）。Self-presentation and verbal deception: Do self-presenters lie more?。Basic and applied social psychology，24（2），P163-170。

言是否會被識破。

人們經常說謊的另一個原因是經驗告訴我們，說實話常常會破壞表面的和諧關係。也因為這樣，我們更需要用愛心調味，說出「溫暖的實話」。當你在說實話時，不妨謹記以下原則：

● **難聽的話私下說：**給對方留了面子，也給自己留了裡子。不過，也得評估一下自己和對方的角色關係，說出適當的話，不要失了分寸。

● **心平氣和後再說：**一個人在生氣的時候，往往口不擇言。當你「覺察」到自己在生氣時，不妨給彼此一點空間、延後溝通的時間。當兩人都在氣頭上的時候，最重要的不是去比誰委屈，而是暫時休兵。懂得適時暫停，往往能減少事件越演越烈的可能[13]。

● **重話輕輕說，並提供實際建議：**這需要一點時間練習。你可以設身處地想想：如果你聽到類似「你家的風水很糟糕」的話，會有什麼感覺？你希望對方怎麼樣說比較好？另外，我們都不喜歡情況失控，在指出問題的同時，也要盡可能提供協助與改善方法。

不要為了獲得暫時性的幸福而說謊，試著轉換心情，練習說出溫暖的實話吧！

13. Markman, H. J.、Stanley, S. M.、Blumberg, S. L.。《捍衛婚姻，從溝通開始》（馬永年與梁婉華譯）。財團法人愛家文化（二〇〇四）。

說出內心的渴望

相較於華人社會，歐美人比較有話直說，不會拐彎抹角。他們會清楚明白地表明自己的需要，不讓對方猜測或是委屈自己。只是在華人「迂迴」的文化中，這需要一點智慧與練習。

兩性關係的困擾，往往來自於沒有說清楚內心的渴望

小雅今天因為生理期來，全身疲倦無力，很想要躺下休息。但她回到家時，看見早上準備好的食材，想到老公不喜歡到外面用餐，還是決定勉強自己做好晚餐。她在廚房裡忙進忙出，老公卻在電腦桌前打電動，讓她的心裡很不舒服。

她好希望老公能夠走過來說：「妳身體不舒服，去躺著吧。這裡交給我！」或者說：「妳看起來不太舒服，要不要我去外面買東西回來吃就好了！」但是老公的眼睛只盯著電腦螢幕，沒有注意到她的反應。

小雅煮好飯菜，沒好氣地端到餐桌，冷冷地說了一句：「就只會看電視，除了打電動，你還會什麼？」

先生突然被她這樣一說，頓時覺得莫名其妙。他心想：「老婆今天怎麼搞的，幹嘛把氣出在我身上啊！」

許多伴侶常常有一個非理性的想法，如果他和我有默契、如果他夠在乎我，應該從我的表情、我的行事風格，就能知道我要什麼。一旦對方沒有按照自己的期待去做，就覺得失望、生氣，對彼此的關係產生質疑；甚至開始失去理性，向對方抱怨，並且開啟防衛性的對話。

事實上，如果不清楚地說出自己的需要時，對方很難完全了解我們要的是什麼。其實，小雅可以直接說出自己的感受：「老公，我今天生理期來很不舒服，你可以來幫忙嗎？」相信老公一定很樂意協助，她也會感受到老公的體貼。

與其隱忍不說，倒不如直接說出自己的需要，邀請對方幫忙。大部分的人都很樂於幫助人，更何況是親密的家人或伴侶。只要說話的時機合宜，非語言的表現也很真誠，相信對方不僅樂意幫忙，還會感覺到妳對他的信任和情感上的緊密連結。特別是當另一半事後真心地表達感激、欣賞，對方更能感到自己的重要性，確認彼此在生命中的意義。

不是不說，是不習慣表達

如果身邊重要的人「不習慣表達」，也會替我們帶來痛苦。

Nicky的老公是一個木訥的人，平常很少發脾氣，幾乎沒有什麼事情會讓他不開心。兩人生了大寶之後，住在隔壁巷子的婆婆開始有越來越多的「關愛」，常常來他們家串門子；甚至還幫忙打掃家裡，說是要給大寶一個乾淨的生活環境。

老公因此和婆婆討論了好幾次，希望能夠擁有更多的空間，但是婆婆愛孫心切，仍然我行我素。Nicky知道先生最討厭別人動他的東西，可是身為媳婦，也很難跟婆婆說什麼。

寒假過後，Nicky發現婆婆竟然沒有來家裡了，於是就問先生是不是跟婆婆說了什麼，先生說沒有，繼續打他的電動。後來她輾轉從大姊那裡得知，先生在過年時跟婆婆吵了一架，彼此弄得非常不愉快。

Nicky事後問老公：「你可以跟我說啊，我們可以討論看看怎麼跟媽說。」

老公說：「沒關係啦，都過去了。」

老公「有事不說」的情況不勝枚舉。有一段時間，他特別早起去上班，Nicky問他：「為什麼要這麼早起？」他說公司的事情做不完，體力又大不如前，無法留下來加班，所以想要早點去公司做。

有一次Nicky出門後無意間看到先生走進附近的一間診所，他才坦白前陣子騎車去上班的時候被車撞到，大腿內側有傷口，所以每天上班前都要前來換藥。但他又怕Nicky擔心，所以沒有告訴她。

「如果你不告訴我，我之後知道反而更擔心！」聽到Nicky這麼說，先生總是點點頭說好，可是下次又故態復萌。Nicky覺得他是一個很體貼的老公，可是什麼事情都往肚子裡面吞，反而讓她更心疼，也覺得自己不被信任。

Nicky跟我分享這件事情的時候，我可以想像她有多麼無力。我先同理她的感受，並且告訴她，先生的溝通習慣行之已久，一下子要改變並不容易。事實上，Nicky的先生並不覺得自己的溝通方式有什麼問題。他只是習慣遇到事情自己解決，不想讓太太操心，並不是不信任她。

真正感到困擾的是Nicky。我請她先嘗試尊重先生的溝通方式，別急著想改變他，我們可以改變的是自己。一開始Nicky也半信半疑，但當她放棄改變老公的念頭，只是經常讚美他、欣賞他、感謝他，兩人一起利用假日時間品嘗美食、聆聽音樂，漸漸地，先生也開始對她敞開心房，說出自己的心事。

不說，是誤解的開始

小瑜和阿中是朋友眼中公認最登對的情侶。他們從國中就開始交往，愛情長跑了十年，對彼此非常了解。經常可以在ＦＢ上看到兩人快樂出遊的相片，大家也等著他們傳來結婚的好消息。

就在阿中接受公司的培訓安排，去日本半年回來後，小瑜卻和好姊妹們表達想和阿中分手的心情，把好姊妹們給嚇壞了。

原來阿中回來臺灣前，曾對小瑜說，他在回到工作崗位前有一個星期的假期，可以每天接送小瑜上下班。小瑜當然覺得很開心，只是阿中剛回到臺灣也有很多事要處理，第一天接送她下班時，就讓小瑜等了大約半小時。

一上車，小瑜就說：「如果這麼勉強，就不要來接我了，我自己上下班也很方便的。」阿中點點頭，第二天就沒有再接送，說好的溫馨接送情，就這樣不了了之。但偶爾他還是會問小瑜，需不需要去接送她上下班？小瑜都說不必，卻忍不住私底下向姊妹淘抱怨：「第一天來接我下班就遲到，是怎樣？然後我請他不必勉強，他也當真？」

上週小瑜因為工作要南下出差，和阿中說會自己開車下去。但其實心裡暗自期待阿中能主動說要載她下去。

結果當天，她一個不小心，撞上了前面因紅燈緊急停下的轎車。

驚魂未定的她一個人下車做筆錄、聯絡保險公司，好不容易到達朋友的家，已經下午三點了。她好希望此刻阿中就在身邊，但又說不出口。想到最近阿中帶給她的失望，再加上車禍的驚嚇，令她感到身心俱疲，忍不住大哭了起來。

好友得知後立刻幫她聯絡了阿中，阿中也從電話那端傳來關心的聲音，「要不要我去接妳回來？」

小瑜冷冷地說：「不必了！車子沒事，我休息一下就開回去。」最後經由家人提醒，阿中還是趕緊坐車南下，接小瑜回家。

自從這件事後，小瑜開始省視自己，總是期待對方可以猜到自己的心思，這樣的期待是不理性的。於是她試著做出一些改變，直接說出自己內心的需求，並且常常感謝阿中為她做的一切。現在阿中和小瑜已經成為最閃、最幸福的一對新人。

另外一個故事發生在我女兒的身上。去年情人節，她和男友準備外出吃飯慶祝，特地上網幫男友選購了他喜歡的布偶當作禮物。女兒以為男友也會像她一樣，費心準備禮物，讓她驚喜，所以心裡充滿了期待。沒想到男友因為最近實習很忙，沒有準備禮物，女兒的失望可想而知。

她對男友說：「人家好用心幫你準備禮物呢！以為也會收到你送的禮物。真的好失望唷！我好希望可以收到你送的東西！」

男友馬上道歉，並說一定會補上禮物，因此兩人還是開心地過了情人節。相反地，如果女兒當下雖然不開心、覺得男友不重視她，心裡有很多負向語言卻又不說出來，只是生氣、鬧彆扭，這個難得的情人節可能就會泡湯了。

如何溫和又清楚地表達自己的需求，是一門需要學習的功課。根據我這些年來研究說話術的經驗，最有效的方式是「洗碗精說話術」，不僅清楚乾淨，溫和又不傷手。

洗碗精說話術：分清楚事實、推論和意見

洗碗精說話術的第一步是要把話說清楚。如果你有用過天然的洗碗精，就會發現它有一種特殊的能力，就是把髒污、油水和碗盤分離，同時也不傷害肌膚。說話也是一樣的，很多時候，「事實」或「需求」往往讓人覺得忠言逆耳（就像是碗盤上的污垢），讓聽的人無法聽入耳，但對方想要表達的需求可能很重要（就像油污附著的碗盤），這時我們就要像洗碗精一樣擁有區辨並分離油污和碗盤的能力。

我們常把意見和事實混在一起，因此有必要分清楚「事實」、「意見」與「推論」的不同。例如，男朋友忘了妳的生日，這是事實，如果妳因此推論男朋友不在乎妳，可能就是一場爭吵的開始了。

女：「你一點都不在乎我（**意見**）。」

男：「我怎麼可能不在乎妳？妳在生什麼氣（**意見**）？」

女：「我沒有在生氣，你想太多了（**意見**）。」

男：「我哪有想太多？明明就是妳在生氣、耍脾氣（**意見**）。」

如果這時候彼此能把事實說出來，再加上自己的意見或推論，就可以減少紛爭了。

女：「你忘了我的生日（**事實**），這讓我覺得你一點都不關心我（**推論**）。我認為我們交往這麼久，你不應該忘了我的生日（**意見**），所以我很難過（**感受**）。」

男：「啊，對不起！我居然忘了妳的生日（**承認事實**），讓妳這麼難過。但我很在乎妳（**意見**），出國時，總是想著要買什麼給妳（**事實**），讓妳開心。妳心情不好，我也馬上請假出來陪妳聊天（**事實**），怎麼會不關心妳（**意見**）呢？」

女：「嗯！也對啦！每次我心情不好，你都會聽我發牢騷（**事

實），這讓我覺得你很在乎我（**推論**）。」

男：「忘了妳的生日，我也覺得很不應該（**意見**）。走吧！要吃什麼我請客，向妳賠罪。」

溫和地說出內心需求

雖然勇敢地把內心的需求表達出來，可以免去對方的猜測、避免誤解，盡量做到心口合一，但是在表達方式上可以稍作變化和調整。特別是在亞洲的溝通文化中，非常重視保留對方的情面[14]，有時用比較柔和的方式表達，顯得較為謙虛和尊重對方，讓人沒有壓力。

你可以比較看看以下的說話方式，哪一種讓你感覺不好？

14. 黃光國。《面子：中國人的權力遊戲》。中國人民大學（二〇〇四）。

- 「下午要記得倒垃圾！」（**命令**）
- 「老公，下午請記得倒垃圾！」（**要求**）
- 「老公，可以麻煩你下午倒垃圾嗎？」（**請求協助**）

其實，只要加上幾個字，就可以讓對話的溫度有所不同。

一項溝通的研究發現，結合權威與禮貌的對話是最有效的。過於權威的說話方式，雖然短時間可以讓屬下聽從，但長時間容易造成對立或消極的抵抗。

所以，當我們需要別人協助時，直接說出需求會比悶在心裡要好，但表達的方式，必須有禮貌與尊重。

今天開始，調整和伴侶的說話方式，可以讓兩個人的關係更加融洽！

讚美的智慧

讚美，是一種行為改變技巧

很早以前，動物行為學家史金納（Skinner）就發現，要教會老鼠做某個行為，最有效的方式就是在牠做了正確的行為後，馬上給予食物[15]。

人類的行為養成也是如此。在認知行為治療法中有一項改變行為的技巧是「增強」（Reinforcement）。當我們希望對方「做出改變」的時候，也要先觀察他喜歡的增強物是什麼。如果在他表現好行為時

15. Ferster, C. B.、Skinner, B. F.（1957）。Schedules of reinforcement。

給予增強物，可以達到讓他漸漸養成好行為的效果。

在心理學家馬斯洛（Abraham H.Maslow）的需求理論（Maslow's Hierarchy of Needs）中，把人類的需求分為生理需求、安全需要、愛與隸屬、被尊重的需求、自我實現的需求。當我們對所愛的人表達讚美、欣賞與感謝時，他會感受到愛與隸屬、被尊重，且更有動力追求自我實現。儘管每個人想要的東西不甚相同，有人重名、有人貪利，有人喜歡權勢、有人想要過自由自在的生活；有人重視家庭、有人熱愛工作。但是，每個人都希望受到重視，贏得他人的稱讚與尊重。

哲學家杜威（John Dewey）說：「人類本質裡最深遠的驅策力就是，希望自己具有重要性。」而美國總統林肯（Abraham Lincoln）也說：「人人都喜歡受到稱讚。」人際關係高手卡內基則說：「要別人做事的唯一方法，就是把他想要的東西給他。」如果我們想要改變別人，最重要的就是先了解他需要的是什麼。

因此，在言語中養成感謝、欣賞與讚美的習慣，讓周圍的人覺得自己是重要的，可以讓他們傾向表現良好的行為，彼此保持良好人際關係，此外也可以讓他們因你的話語而感受到人生是幸福有意義的。

適當的讚美：具體肯定

如何說出讚美的話，是一門學問。有些時候把對方捧得太高會顯得虛假，有些時候你的讚美並不是真正發自內心，而是藉由讚美來控制對方；這樣的讚美反而是對關係的損害。

適當的讚美，除了真誠無所求為第一要件外，內容也要具體，並且針對對方的努力行為及帶來的好結果給予稱讚與感謝，而不是只有含糊的評價。這樣的方式，又稱為「具體肯定技巧」。

例如，當你幫忙媽媽整理廚房後，你覺得下面哪一種回應是會讓你感到最開心的？

Ａ：「你好厲害，以後就請你負責廚房的清理工作囉！」

Ｂ：「你做得真好，真是個勤奮的好孩子。以後你可能是位很好的廚師唷！」

Ｃ：「現在，廚房的物品都擺得井井有條了，而且地板和櫃子都擦得好乾淨，坐在這裡喝茶覺得好舒服。謝謝你！整理廚房不是一件容易的事，而你做到了！」

Ａ的說法雖然含有對孩子的大力讚許，但似乎是為了要孩子負責廚房清理而說的，是一種操控式的讚美，並不是真誠無所求的讚美。這樣的讚美，有時候反而會讓對方不太喜歡。

Ｂ的說法，雖然是發自真誠的讚美，但充滿了對孩子的評價和標籤。這種「評價式」的讚美，表示說話者站在較高的位置發言，有時也會讓對方有不舒服的感覺，並不適用於同輩之間。青春期的孩子，對於父母或師長等長輩的這種讚美，也可能並不領情。

Ｃ的說法，是具體且充滿感謝的讚美。先具體描述孩子實際所做的行為和努力成果，再表示對孩子的感謝，可以讓孩子了解自己為何被稱讚，也可以感受到自己的努力帶來的貢獻，而感到快樂、有意義。

別把讚美當成有口無心的口頭禪

我記得在一次演講的場合，一位年輕媽媽跑來跟我說：「阿丹老師，上次我有照妳說的，每天稱讚我家小孩，但是好像沒有用？」

我問她是如何稱讚孩子的，結果她說：「每天孩子回家，我就跟他說今天去上學好棒！他洗完澡之後，我也跟他說洗好快，好棒！每次他都用奇怪的眼神看我……他不吃飯的時候，我也會說：『你好棒唷！趕快來吃飯！』可是為什麼他還是一直跑給我追？」

原來這位年輕媽媽經常把「好棒」掛在嘴邊，並不是在孩子出現好行為後才說，而且稱讚的話千篇一律。「太棒了」這句話變成一種無意識的口頭禪，稱讚的效果也大打折扣。隨時隨地稱讚孩子很棒，反而會讓孩子產生「饜足感」，對於被稱讚不再感到喜悅。那麼，該怎麼做呢？其實只要把握下面幾個原則：

1. 讚美要在行為後：還記得前面的老鼠實驗嗎？酬賞通常是出現在「行為」之後，才能讓老鼠持續行為。試想，如果史金納在老鼠按按鈕前就拚命給牠食物，牠會再去按按鈕嗎？

2. 描述過程，稱許努力：當你做了一件自己覺得很不錯的事情，心裡有什麼感覺？你會希望對方如何稱讚你？前面談到，當行為被確切描述的時候，我們比較容易感受到對方的稱讚是真誠的，例如：「我好喜歡你寫的『沒有人應該白白吃苦』這句話喔！」「你昨天把吃一半的蛋糕放進冰箱，好細心喔。」或是「你今天也把豆芽菜都吃光了耶，真厲害！」比起「我喜歡你的文字」「謝謝你昨天幫我收蛋糕」或「你把菜都吃完了耶，好棒！」更好。「具體的描述」表示你在乎對方、把對方放在心上，這種連結和被重視的感覺，會讓人感到很溫暖。

3.只有在「完成挑戰」時才稱讚：為了避免讚美氾濫，請不要在孩子完成一件「普通」的事情之後就直接稱讚他（例如他一如往常地吃早餐，你就說好棒），而是要在他做了一件「自己也覺得了不起」的事情之後稱讚（例如他完成了作業之後才去打電動）。

另外，如果你想要「增強」的對象是孩子，也要注意「過度辨證」（**Over justification effect**）的現象[16]。有時「完成挑戰」本身就可

16. Lepper, M. R.、Greene, D.、Nisbett, R. E.（1973）. Undermining children's intrinsic interest with extrinsic reward: A test of the" overjustification" hypothesis。Journal of Personality and social Psychology, 28（1）,P129。

以帶來很大的滿足感，因為它也是孩子自己想做的事情，所以不要再給予獎賞（如玩具、遊戲時間）。不然孩子會認為「因為媽媽要給我買玩具才做的」，反而影響到孩子的內在動機。

幸福滿滿的「感謝式讚美」

心理學家艾爾戈（Algoe）、蓋博（Gable）與梅塞爾（Maisel）從研究中發現，感恩是浪漫關係的催化劑。經常表示感謝，能夠讓你對伴侶的付出感恩，而非將對方的幫助和善意視為理所當然，強化彼此的關係[17]。

根據他們的研究，當表達感激的程度每增加一分，伴侶在六個月內分手的機率就減少一半。越感謝伴侶的那一天，就越覺得兩人的關係美好，以及自己與伴侶之間緊密連結，隔天對於關係的滿意度也較高。在所有的讚美方式中，「感謝式的讚美」是最安全有效、且副作用最小的。

有句話說：「不是沒有美的事物，是你沒有發現美的眼睛；不是沒有發現美的眼睛，而是沒有發現美的心。」每個人都有值得稱讚的地方，只是你沒有打開欣賞的眼睛。當你將欣賞對方的美好，化作感恩與讚美的話語，你會發現，彼此的關係如此緊密、幸福。

具體來說，你可以問自己下面幾個問題：

- 他身上有沒有哪些「我看不順眼」的地方，其實剛好也是我需要的？
- 他是不是默默在做一些事情，幫了我的忙？

17. Algoe, S. B.、Gable, S. L.、Maisel, N. C.（2010）。It's the little things: Everyday gratitude as a booster shot for romantic relationships。Personal Relationships，17（2），P217-233。doi: 10.1111/j.1475-6811.2010.01273.x

● 如果我的生活沒有了他，會有哪些改變或不便？

感謝在人生中與你有過交集的人們，曾經為你做過什麼事，帶來什麼感受，會讓對方覺得自己如此重要，你們的互動也更有意義。

適當的讚美，除了要發自內心，也要說出具體的內容予以肯定，這樣一來，你周圍的人都會因此表現得越來越好！

洗衣
曬衣
下廚

正向支持取代負向批評

批評，啟動防衛機制

心理學家迪姆尼西（Demenici）與利特爾約翰（Littlejohn）指出，當我們的自我概念因為別人的話語受到傷害或是感到面子掛不住時，便會不自覺地抗拒這樣的訊息[18]。

想像一下，最近一次別人批評你時，你心中的感覺如何？如果這些批評不正確，你可能感覺委屈、被誤解而生氣；如果你很清楚這些批評是正確的，則可能會做出防衛反應：「哪有！我只是……」「其實我的意思是……」

我們都不喜歡被討厭，所以遭受批評的時候，做的第一件事往往不是道歉或感謝，而是把心門關上，同時也把溝通的門也一併關上了！

美國作家喬恩・阿卡夫（Jon Acuff）提出了批評者公式，那就是「一句侮辱加一千句讚美等於一句侮辱。」也就是人們對負向的批評特別敏感，即便有更多人讚美我們，但我們還是很在意別人的批評，因而產生防衛機制。

沒有人喜歡被批評，即便批評並非來自惡意。

有位小二學生的媽媽，接到老師的電話，責怪她沒有把孩子教好，因為孩子在作文上批評老師，讓她很生氣。

這位媽媽看了作文簿後，忍不住笑了出來，因為孩子說的都是實話。那次的作文題目是「我的老師」，孩子是這樣寫的：「我的老師老老的、醜醜的。他的眼睛小小的，嘴巴大大的，鼻子是三角形，臉

18. Domenici, K.、Littlejohn, S. W.（2006）。Facework: Bridging theory and practice。New York：Sage Publications。

是圓形，皮膚上有很多痘痘。上課時，老師說話很無聊，讓我覺得時間很漫長。下課了，不必再聽老師說話，我們就很開心地衝出去玩了。最後希望老師不要出那麼多功課，寫功課很累。」

這位老師當然知道童言無忌，不必太在意，但還是會難過地想：「原來我在孩子心目中是這樣。我自認是一位親切、認真、努力的好老師，難道我真的是說話無趣的老師嗎？」老師不自覺地啟動防衛機制，所以打電話責怪媽媽沒有把孩子教好。

媽媽接到責難的電話時，也啟動了內心防衛機制，她想：「我的孩子錯了嗎？是老師反應過度吧？難怪孩子不喜歡你。」

通常批評越是命中要害，我們感受到的防衛也越深刻。因此會容易失去理性，而用諷刺的語言或辱罵來駁斥對方。所以卡內基人際關係強調的第一招，就是不批評、不責備、不抱怨。

理想的溝通之道，是要能顧及他人的感受，既給對方留面子，同時讓對方了解自己的觀點。那麼，怎麼樣把「直話」好好說呢？早在一九六〇年，研究溝通的學者吉布（Gibb）就歸納出六種容易引起防衛的話語，包括評價、支配、謀略、冷漠、優越與強勢；他同時提及六種支持性話語，可以有效減少防衛，分別是描述、問題導向、真誠、同理、平等和協商[19]。

用描述取代評論

當我們對別人的言行作出評論時，很容易引起防衛反應。所以在說話時，要盡量把重點放在事實及感受的描述，而非價值的判斷，特別是負面的評價。例如，某次社團成果發表後召開檢討會，由於在宣

19. Gibb, J. R.（1961）。Defensive communication。Journal of communication，11（3），P141-148。

傳及場地的佈置上都出現很多明顯的錯誤，大炮學長一開口就說：「這是有史以來最糟糕的成果發表！」

幹部們互相交換了一個喪氣的眼神，心想：「確實有很多缺點需要改進，但也沒那麼慘，學長你也太誇張了吧？」「我們流血流汗你都沒看見，只會在那裡開炮。」

但是礙於情面，大家都沉默不語。這時小紅學姊打破現場的氣氛說話了：「學長對你們的期許很高，要求很多，所以話說得很重。其實，我看到你們有很多的創意和用心，例如將宣傳單設計成書籤，讓人很想要收藏；而且你們還想到邀請友社的朋友一起參與，讓我很欣賞。但是我也注意到一些需要改進的地方，例如，我們的宣傳單上忘了打上對捐款單位表示感謝，這是很大的疏失。」

小紅學姊除了先肯定大家的努力和用心外，也具體描述哪些地方需要改進。同樣都是檢討，小紅學姊的說話方式很容易讓人坦然接受。此外，她在提出建議時是用「我們」作主詞，讓大家覺得同是一家人，可以一起加油，做出改善。相較之下，大炮學長一開口就是「你們如何如何……」讓人心生反感。

用問題導向取代支配

有個學生Gray和女友Tracy交往了五年，週六要去女友家和她爸爸一起吃飯。Tracy有些緊張，擔心Gray第一次見面就讓爸爸有壞印象。於是她對Gray說：「你週六穿整齊一點，不要穿短褲，頭髮最好染回來。還有，我爸最討厭人遲到，你給我準時到！」她將自己的緊張和焦慮轉換成對Gray的支配而不自知。

Gray其實也很有壓力，聽到Tracy這樣說，防衛地回道：「妳不要逼我，我還不見得要去！」讓她好生氣，兩人為此陷入了冷戰。

這其實是一種「支配式溝通」，支配者不管接受者的需要，自顧自地解釋、決定事情。他們透過語言或非語言傳遞這樣的訊息：「照我說的去做就對了，我知道什麼對你最好。」

如果Tracy換個方式，用解決問題為導向的方式說話，結果可能會不一樣。

Tracy：「Gray，怎麼辦？我很擔心週六的聚會。我爸爸很保守，我怕他因為你的穿著打扮，對你留下不好的印象，那就慘了！恐怕他會反對我們繼續交往呢！」

Gray：「這樣啊！我會注意穿著整齊的。第一次見面嘛，正式一點也是一種禮貌。」

Tracy：「依據我對爸爸的了解，他很討厭男生染髮和遲到。你的頭髮可以做點調整嗎？」

Gray：「也好啦！反正我最近也打算染髮，就先染回自然一點的顏色，他的接受度應該會提高。至於遲到，我會注意準時出席的。」

Tracy：「真是太好了，Gray，辛苦你了！我們現在來選衣服如何？」

Tracy這次用的是問題解決的說話方式。溝通者把焦點放在滿足自己和他人需求的辦法上，目的在邀請對方一起解決問題，而不是頤指氣使地要求對方照自己的想法進行。

用建議取代冷漠與強勢

其他容易引起防衛的包括冷漠、優越和強勢。例如，朋友精心籌劃的活動進行得不順利時，你冷冷地說：「魔鬼總是藏在細節裡，你可能疏漏了什麼！」可能讓他的心情雪上加霜。但如果改用同理的方式說：「我知道你花了很多時間和心血在這個活動上，活動卻不如預期，真的很令人沮喪呢！辛苦了！」

還有一種人自以為經驗豐富或高人一等，說話時過於強勢，並且傳達出「我比你優秀」的訊息；或是覺得自己的方法是最棒的，只把注意力放在自己身上，無視他人的觀點。

「你們懂什麼？這個做法絕對不可行。」「這種事情我看多了！」「不要傻了！」在工作場合中，你是否經常聽到這樣的對話？

我們有很多方法可以避免命令式的語氣，例如，當你想說：「用這個方式去辦！」時可以委婉地改成「我們不妨用這個方式去辦」；當你想表達「這根本行不通！」可以試著改成「經過考量成本因素，我們還是採用那個方式比較省錢。您的看法如何？」或許狀況就會有些轉變。

用真誠取代操控

有一種人說話時會把真正的動機隱藏起來，並且嘗試操控對方。例如許多女生常常不好意思把自己的需求直接說出來，她們會對正在開車的先生說：「老公，你口渴不渴啊？」意思其實是：「老公，我口渴了，可以停下來買杯飲料嗎？」這時候如果先生傻傻地回答：「不會呀！我不渴。」可能就要惹來老婆的白眼了。

此外，真誠地說出自己的需要，有禮貌地請求協助，比拐彎抹角地假裝關心別人要好得多。

我認識一個有機商店的女店員，她說話時笑容滿面，服務周到，看到熟客總是熱絡地打招呼，奉上熱茶，讓人感覺備受尊重。她會主動關心你最近的健康情形，甚至幫忙拍痧。若是發現你感冒了，還會送上親手泡的檸檬醋，笑著說：「趁熱喝，對喉嚨很好！」可是幾次以後，我開始對她產生了防衛之心。「阿丹，妳要好好照顧眼睛，一定要讓眼睛多休息喔。」正當我想對她的關心表達感謝時，她立刻向我推銷營養品：「我這裡有一種加拿大的葉黃素，對妳這種用眼過量的人效果非常好唷！」讓我陷入要不要拒絕她的天人交戰之中，因此，再也無法信任她了。

人們在遭受批評的時候，容易啟動防衛機制，練習用事實描述、問題導向等方式說話，可以降低對方的敵意，達到更好的溝通效果！

善用副語言，說話更動聽

Leo從會計部轉到行銷部之後，只要是和Jessica合作的案子就會讓他很頭大。Jessica是典型的「最後一秒鐘才付諸行動」的人，每次總是要等到火燒屁股才要開始進行。

Leo不喜歡這種匆匆忙忙的工作方式，他自己在安排工作的時候都會事前寫一個計畫表，盡量在deadline前一天完成。可以想見，Leo和Jessica的合作會有多崩潰。有一次他們搭高鐵南下，一直到火車要開的前一刻Jessica才趕到車站，根本來不及搭車，於是他們只好搭下一班，Leo還得跟客戶連連道歉。有一次，Leo終於受不了，跟她討論兩人「工作節奏不一樣」的問題，但她卻一邊打電腦一邊冷冷地說：「沒關係，你先做你的部分，我自己會處理剩下的。」看都不看Leo一眼。

Leo突然意識到：原來自始至終令他糾結的，並不是兩人工作不合拍的問題，而是Jessica的眼神和語氣裡透露出的「不在乎」，讓他覺得自己被無視了。

語言以外的訊息

社會心理學家麥拉賓（Albert Mehrabian）發現，當我們評斷一個人時，根據話語本身得到的訊息（談話內容、言詞的意義）占百分之七，稱為「語言訊息」；從聽覺得到的訊息（聲音大小、語調等）占百分之三十八，稱為「副語言訊息」。透過視覺得到的訊息（外在、表情、動作、態度等）占百分之五十五，稱為「非語言訊息」。因此，一個善於營造幸福的說話者，除了要注意說話本身的內容外，更要注意說話時的聲音品質和整體視覺形象。

這個「麥拉賓法則」[20]適用於演講訓練、求職面試、入學甄選上，效果很好。換言之，「怎麼說」往往比「說什麼」更重要！

觸動人心的副語言和非語言訊息

「副語言訊息」指的是說話的咬字、腔調、語氣、聲調、音質與速度等；「非語言訊息」則包括眼神、表情、肢體動作、手勢、儀態、外表等。這兩者在溝通時能反應真實的情緒，也最能觸動人心。塔夫茨大學（Tufts university）的社會科學家娜莉妮・阿姆巴迪（Nalini Ambady）從研究中發現[21]，只要觀看醫生和病人互動的三十秒無聲影

20. Mehrabian, A.（1971）。Silent messages（第1版）。Belmont, CA：Wadsworth。
21. Ambady, N.，Rosenthal, R.（1993）。Half a minute：Predicting teacher evaluations from thin slices of nonverbal behavior and physical attractiveness。Journal of personality and social psychology，64（3），P 431。

片，就能準確預測哪些醫生會惹上醫療糾紛。此外也可以在四分鐘內判斷上課的老師是否具有熱誠、能否博得學生的喜愛。

每個人欣賞的語音特質不同，有人喜歡娃娃音，有人喜歡沉穩渾厚的聲音；有人喜歡說話節奏明快，有人喜歡慢慢地說。每個人的天生音質不同，各有特色，如果說話時能真誠地表達自己內在的情緒，而且讓自己及周圍的人覺得舒服自在，就是良好的語音品質。

不過，副語言訊息是可以改變的，要如何改變它呢？首先，請想想在你的周圍，有誰說話時讓你感到舒服？然後，你可以多觀察他說話的副語言特質，並且找機會和他互動。一陣子後，你的副語言特質就會越來越接近他說話的方式。這就是「語言趨同」現象，可以有效改善自己的語音品質，讓自己成為更好的說話者。

研究肢體語言的社會心理學家艾美・柯蒂（Amy Cuddy）在一場ＴＥＤ演講「Your Body Language Shapes Who You Are」中強調，肢

體語言不僅會影響你對別人的看法，也會影響自己的心理[22]。她舉了一些哺乳類的例子，不論是猩猩或猴子、火雞或孔雀，當牠們想要表現出有權力、掌控一切的樣子時，就會把兩手張開，增加所占據的空間。艾美・柯蒂指出，這樣的行為在運動員身上也觀察得到。她發現，當跑者抵達終點的時候，一律都會把雙手張開、用大V的姿勢迎向終點線，即使是盲人跑者也一樣。這意味著「身體姿勢的表達」是演化留下來的重要現象。

艾美・柯蒂在後續的研究中發現[23]，只要擺出扠腰的姿勢兩分鐘，就可以讓面試者更有自信、血液中睪固酮濃度增加百分之二十、

22. Cuddy, A.（2012）。Your body language shapes who you are。Video file]. Retrieved October，P21，2014。
23. Carney, D. R.、Cuddy, A. J. C.、Yap, A. J.（2010）。Power Posing：Brief Nonverbal Displays Affect Neuroendocrine Levels and Risk Tolerance。Psychological Science，21（10），P1363-1368。doi：10.1177/0956797610383437

急診室
課堂中
生物課
原來如此
○○公司
面試會場

腎上腺皮質醇下降百分之二十五，而這樣的改變，也的確讓他們在面試的時候，可以有更多的能量因應壓力，更受到主考官的喜愛。「只要兩分鐘，就可以有這麼大的改變！」她說。善用肢體語言，可以讓我們說話時更有魅力；即使不說話，也會讓周圍的人喜歡我們，讓自己的心情從消極變得積極。

或許對你來說，擺出「神力女超人」的扠腰自信姿勢不太容易，不過你還是可以從簡單的非語言訊息開始。例如，世界上最古老的言行準則《摩努法典》說：「要學會在尚未開口說話前先露出笑容。」下次準備面試、或是面對一個不容易溝通的人之前，你可以試試看「假笑」（把嘴角上揚）兩分鐘，然後深呼吸，先微笑再說話，相信會有意想不到的效果！

說話的溫度，烘焙出幸福的關係

俗語說：「良言一句三冬暖。」溫暖的話語，可以讓人感受到愛與尊重。在具體做法上，你可以用真誠的眼神看著對方，露出微笑，在身體上做適度的靠近甚至碰觸；特別是當他需要幫助和鼓勵時，更不要吝惜付出。

當有人寫信給我們時，盡快回覆是一種重視；回覆未接來電也是重視。如果你無法很快地回覆，真誠地說明原因、表示歉意也是一種。當你無法幫上別人的忙時，表達歉意、懇求見諒也是一種重視。

願意花時間在對方身上，也是一種重視。我認識一位長者，就是一位擅長「表達重視」的人。讓我印象很深刻的是，有一次他演講完後，我有機會載他一程，他居然謙虛地問我：「妳覺得我今天的演講有什麼要改進的地方嗎？」讓我感受到他對晚輩的尊重，甚至有點受寵若驚。

前面談過，感謝是一種有力量的讚美，你可以透過表達感謝、欣賞、歉意、鼓勵和祝福來表現重視對方的心意；甚至可以直接開口表達：「你對我來說很重要！」

傳遞溫暖的另一個方式是重視對方的觀點和感受，當對方說話時，讓他感受到你真的懂他。此時先前介紹的積極傾聽技巧也非常好用，適時地反映他的感受，把他的看法用你自己的話說出來，會讓對方覺得被了解。

如果我們可以找到和對方的共同點，表示贊同和支持，這樣的話語更具溫度。例如「是啊！你說得沒錯！」「我喜歡你的觀點。」「我們真是心有靈犀一點通，我也是這麼想呢！」「我也很擔心他的狀況……」等等。

我曾遇過一位大學生的家長，他非常關心兒子的選課問題，甚至發函給系上、學校和教育部，表達了他的憂慮。其實那位學生已經很努力解決選課問題，並不希望父親介入，所以對父親的行為不太諒解。

最後由我這位導師出面和他的父親協商，對方也同意收手。不過，過了幾天他父親又傳來這樣的訊息：「我還是很擔心兒子能不能順利選到某門課？」我本來想直接回覆：「別擔心，兒孫自有兒孫福。」但想想，這樣的心情在所難免，於是決定換個說法：

「擔心是難免的，其實我也掛心著他是否能選到這門課，因為那關係到他需不需要延畢。但想想，擔心好像也沒什麼效果，我們一起祝福他好不好？」這位過度關心孩子而情緒不安的家長，總算安靜下來，不再干預選課的事。

很多時候，說出溫暖的語言並不困難，只要在對話中盡量表現出尊重、重視對方的態度，然後適時認同對方的觀點或情緒，讓對方覺得和你對話是愉快、溫馨的。面對不論是找你幫忙或是訴苦的人，只要你能誠懇地表現出對他的問題的重視，就算是「什麼也沒做」，也會讓對方覺得你的陪伴幫了很大的忙。

築牆式的冷漠語言

有些話語會讓溝通場合的氣氛頓時降溫，甚至感到陣陣寒意。這樣的話語雖然不是直接的攻擊和批評，但是讓我們覺得被忽視，或是對方似乎對自己不屑一顧。在婚姻關係中，這樣的忽視稱為「築牆」（Stonewalling），常常是走向離婚的徵兆[24]。事實上，「被忽視」是一種很深的負面感受，往往會衍生很多問題。有時候

24. Gottman, J. M.、Silver, N.（1999）。The seven principles for making marriage work。New York：Three Rivers Press。

說話者並沒有刻意忽略對方，只是習慣說話時語氣較為冷漠，也會讓對方感到不舒服。

1.視若無睹

同學Ａ：「我不知道要不要參加手語社耶！」

同學Ｂ：「隨便你啊，干我屁事！」

視若無睹是「不把對方的需求當需求」，像同學A想必跟同學Ｂ的感情還不錯，所以想要徵求他的意見。不過Ｂ的回應卻讓他有種「早知道就不問了」的被潑冷水感覺。Ｂ會這樣回可能是因為在忙，才想要快速地結束話題。

大家都有自己的事要處理，如果你真的沒有空去搭理對方，可以先跟對方說清楚，例如「抱歉，我現在在忙耶！」或是「我現在在趕一個報告，可以三十分鐘後再跟你討論嗎？」都比草草回應好得多。因為你的敷衍，對方絕對感覺得出來！

2. 各說各話

同學C：「今天真的超倒楣，機車停在校門旁邊居然被拖吊，不知道要去哪裡領車？偏偏我今天忘了帶皮包，只好向Sunny先借錢，真不好意思。」

同學D：「哦！那你昨天有打去訂Abby的生日蛋糕了嗎？你答應要幫忙訂的。」

各說各話是一種更高層次的「敷衍」。在上面的例子中，我們可以感覺到同學C應該覺得自己很衰，而他的朋友不但不關心他的慘狀，還只顧著說幫其他人過生日的事情。

比較好的做法是，D可以暫時放下自己的擔心，把焦點放在C當前遭逢的困境上，等事情搞定之後，再來討論Abby的生日。這樣一來，C會有被同理、被重視的感覺，另一方面也才心有餘力和D一起討論慶生會的規劃。

3.實問虛答

球友E：「咦，今天你老婆怎麼沒有來運動啊？」

球友F：「對呀，她今天沒來。」

球友E：「喔，我希望可以和你們一起吃飯聊聊，下週二有空嗎？」

球友F：「不知道耶，到時再看吧！」

這種對話方式暗藏玄機，並沒有真正地進行「溝通」。E想要跟F有進一步的交流，但從F的回應中可以感覺得出來他的內心有諸多防衛，既不想讓對方知道太太的狀況，也無心接受邀約。在某些社交情境下，這種實問虛答是一種權宜之計，不會把場面搞得太僵，又可以不用和對方靠太近。

4. 沒有人情味

太太：「我很擔心女兒這次再考不好，就要被當了！」

先生：「被當也不是什麼大事，重修就好了！她那麼愛玩，給她一個教訓也好！」

在這個例子裡，太太很擔心女兒的狀況，但先生不但沒有要和她討論的意思，還「冷眼旁觀」，想要讓女兒學一次教訓。當然，這可能是兩人的教養方式不同，不過，先生或許可以給太太一點心理上的支持，或是付出多一點關心，例如：「妳擔心她被當會……」「她目前平均成績是幾分？」舒緩太太擔憂的情緒。

多年前有位學生到辦公室請教某位同事修課的規定時，我聽到這樣的對話：

學生：「老師，請問實習一會擋到實習二的課程嗎？擋修科目表上沒寫清楚。」

老師：「那是一定的啊！你修過實習一才能修實習二，一和二是有次序的啊！」（老師一邊說，眼神一邊在電腦和文件中游移，並未看著學生。看起來她真的很忙，無暇回答學生的問題。）

學生：「那如果有特殊原因，可以同時修實習一和實習二嗎？」

老師：「我們不可能為你一個人改擋修辦法啊！」

學生：「但先前有老師讓學生可以同一學期修課。」

老師：「這門課有很多老師一起合開，你要去問其他開課老師啊！不是來問我。這些規定都不是我定的，問我沒有用！」

學生：「如果老師們答應讓我同時修課，是不是就不會有擋修的問題？」

老師：「你選到課也不見得會過啊！」

學生：「我會很認真地修課。」

老師：「認真也不見得就可以過關啊！」

我們可以想像，當這個學生走出辦公室時會有多失望。接下來讓我們看看另一種說法：

學生：「請問實習一會擋到實習二的課程嗎？擋修科目表上沒有寫清楚。」

老師：「是的，實習一會擋實習二。很抱歉擋修科目上沒有寫清楚，我們會請系上再作改正。」

學生：「那如果有特殊原因，可以同時修實習一和實習二嗎？」

老師：「很抱歉，按照系上擋修辦法上是不行的。」

學生：「但先前有老師讓學生可以同一學期修課。」

老師：「我不是很清楚這樣的特例，你可以再說得具體一點嗎？或許我和其他一起開課的老師商量看看。」

學生：「如果其他開課老師答應讓我同時修到這門課，是不是就不會有擋修的問題？」

老師：「是啊！如果你選到課並且順利拿到學分，就不會遇到擋修的問題了。」

學生：「我會很認真地修課。」

老師：「很好，加油唷！祝你一切順利！」

如果你是這位學生，走出辦公室時，是不是就比較有笑容了？

引燃爆炸的過熱語言

人本基金會曾做過一項兩千人的網路調查[25]，結果發現有十大破壞性的語言會阻礙「愛的傳達」以及「學習思考」。這些從父母親口中說出的話語，不僅容易破壞親子關係，對孩子的自我概念造成

25. 胡清暉。〈十大破壞性語言 最傷孩子的心〉。取自 http：//www.chinatimes.com/newspapers/20150601000371-260114，二〇一五年六月一日。

	阻礙「愛的傳達」的十大破壞性語言	阻礙「學習思考」的十大破壞性語言
第1名	我怎麼會生出你這種小孩?!	你怎麼這麼笨！
第2名	你讓我很失望！	你很沒用耶！
第3名	你給我閉嘴！	這種成績，你沒救了啦！
第4名	你就自己一個人留在這裡吧！	這很簡單呀，為什麼你不會！
第5名	聽話，爸爸媽媽才會喜歡你！	你可以跟弟弟多學學嗎？
第6名	你別想我會幫你！	你沒那個天分啦！
第7名	哭什麼哭！	我不是教過你了嗎？
第8名	你為什麼就是要跟別人不一樣！	考這種分數，給你上那麼多課都白上了！
第9名	你就不能小心一點嗎？	被老師罰活該，誰教你寫作業都不認真！
第10名	快一點，我數到三！	字寫得醜，人就長得醜喔！

的傷害更直接也更久遠，有些人即使長大後也難以釋懷。

以下是一對母子的LINE對話：

媽媽：「你這禮拜不回來，之後就不要回來了！」

兒子：「沒差！反正你們母親節吃飯也不差我一個。」

媽媽：「我怎麼生出你這樣的兒子來忤逆我？」

兒子：「我才衰吧！怎麼會有妳這種母親？我同學要不要回去都可以自己決定，為什麼我就一定要順妳的意思？妳從以前就是這樣，別人只要不按照妳說的做，妳就會不爽！我才不要跟爸爸一樣，被妳吃得死死的！」

媽媽：「你擺明就是要氣死我！」

兒子：「我就是要氣妳，怎樣？」

很明顯地可以感覺到，這對母子之間隔了一堵牆。奇怪，為什麼明明是最愛孩子的父母，卻傷孩子最深？其實，很多時候語言就像打

破壞性的語言	例子	比較恰當的說法
命令	**立刻閉嘴，不要再哭了！** **你給我安靜！**	**「你要哭還是要聽媽媽說話呢？」**（讓小朋友選擇，通常小朋友會希望有人理他，所以慢慢停止哭泣）
威脅	**你再吵就叫警察來！** **你再不把功課寫完，以後都別想看櫻桃小丸子！**	**「請安靜！我們吵到別人了！」**一旦孩子稍微安靜，要馬上增強安撫，**「對！這樣好多了，謝謝你。」**
說教	**抽菸危害健康，為什麼你不聽我的勸，還是抽個不停？**	**「看到你每天都抽菸，我好擔心。」**
	吃吃吃，你不知道你已經胖到褲子都穿不下了嗎？不是跟你說八點以後不要吃東西嗎？	什麼都不必說。每個人要為自己的決定負責。除非對方說：**「我越來越胖了，怎麼辦？請你幫我把關，提醒我八點後不要吃東西。」**時才說：**「超過八點囉，提醒你吃東西會發胖唷！」**
過多或不當的詢問	**你一定要穿這件衣服出門嗎？為什麼一定要這樣穿？**	什麼都不必說，相信他會自己看天氣穿衣服！
	妳跟那學長是什麼關係？什麼時候在一起的？我這個做媽的怎麼都不知道？	**「媽媽很好奇，那個學長和妳是什麼關係，可以告訴我嗎？」**（而且問一次就好）

壁球一樣，你越用力，反彈就會越大。這位媽媽一開始是出於好意，想要孩子回家過母親節，但她卻用「高溫」的說話方式開頭，結果換來孩子的防衛言語，甚至激起他多年以來一直被控制的恐懼感。

仔細想想，你是否也曾在無意中脫口而出上述這些破壞性語言？

許多父母可能急著解決事情，就用命令、威脅、說教、質問等欠缺「平等心」的說話方式對待孩子，這就像是火上加油，會摧毀一個人的自我概念，帶來心理上的痛苦。也因為這樣，有時不但事情沒解決，還搞得關係破裂。其實，有時候只要轉換一下說話方式（甚至只要「靜觀其變」），還是可以達到表達你想說的話的目的，而且仍然可以維繫彼此的關係。後來，這位媽媽重新傳訊息給兒子：

媽媽：「大寶，對不起！媽媽是真的很想你，所以希望你回家。媽媽講話直了一些，讓你生氣，媽媽也很難受。」

兒子：「先刺人一刀，事後再道歉，啊！不就好棒棒？」

媽媽：「我知道早上那樣說，你一定會覺得很受傷，但媽媽是真心想跟你道歉。媽媽也知道你期中考還有一科，但媽媽真的很想你。」

兒子已讀很久都沒有回，一直到晚上才收到回覆，並且拍了一張車票傳給她。

兒子：「我買好票了，明天早上妳可以來接我嗎？」

有些人可能會覺得明明是母親節，這孩子怎麼如此不孝，還要母親去接送？但如果我們回去看先前母子的對話，就可以知道「羅馬不是一天造成」的，孩子跟媽媽間的衝突與疏離，或許已經維持了很長一段時間。而母親前所未有的軟化，也讓孩子有些不習慣（所以他無法即時回應）。這看似不孝的少年，其實也做了讓步，願意改變預定的行程，甚至犧牲準備期中考的時間回家。

溝通是互相的，當你開始針對「過熱的語言」做一些降溫，對方也會開始做一些調整。當然，這樣的過程可能是緩慢的，因為對方還困在過往舊的對話模式中持續防衛。只要你持續說出溫暖的話語，一定可以「說」進他的心坎裡。

抱怨時對事不對人

除了命令、威脅、說教、質問之外，還有一種生活中最常出現的破壞性語言──抱怨。到底要如何減少抱怨帶來的傷害呢？我的建議是，當我們針對「所做的事」抱怨時，對方往往比較容易接受。但如果抱怨的是：「你這個人就是懶，不愛乾淨！」涉及到個人，很可能啟動對方的防衛機制，忍不住反擊：「總比你這個強迫症好吧？」

抱怨雖然無可厚非，但要注意的是，經常抱怨的人容易給人負面的形象，覺得他們不懂得感恩、只會批評別人，不會反省自己。而且抱怨的時候，通常會強化不愉快的心情，陷入惡性循環之中。

美國知名牧師威爾・鮑溫（Will Bowen），發起了一項「不抱怨」運動，邀請每個參加者戴上一個特製的紫色手環。只要一發現自己正在抱怨，就將手環換到另一隻手上，直到這個手環持續戴到同一隻手上二十一天，也就是連續二十一天不抱怨、不批評、不講閒話。如果你是個習慣抱怨的人，或許可以試試看這個方法。

當我們開始抱怨，就是將焦點放在不如意、不快樂的事情上，這是一個惡性循環，也是一個負面的吸引力法則。如果遇到愛抱怨的人，我會適時地告訴他：「我喜歡聽你分享有趣的事，比較不喜歡聽你抱怨。因此當你抱怨的時候，我會假裝沒聽見。」

我有一個朋友Lily就是用這個方法，改變了愛抱怨的老公。她老公每天一回家，就會抱怨今天路上塞車、公司裡的同事多麼白目、老闆多麼機車，搞得Lily心情也不好。後來Lily對他說：「我喜歡聽你分享公司有趣的事，或上班遇到的好事，我不喜歡聽你一直抱怨，那讓我的心情也變得很差。」

後來，他還是習慣對Lily抱怨，Lily盡量不給予太多的反應，但一旦他分享正向的事，例如：「今天回家都沒有塞車耶，好難得。」Lily馬上熱情回應：「哇，你好幸運唷！這樣讓我們可以提早吃晚餐，真好！我好喜歡聽你分享這一類的事！」在Lily的引導下，他越來越不輕易抱怨了！

不過要小心的是，當你突然冷處理對方的抱怨時，他可能會不習慣，反而用更強的抱怨來吸引你的回應。這時候就要讓對方知道，你不是不理他，只是不想聽他一直抱怨；當他分享有趣的事，你會很樂於回應。相信堅持下去，情況就會改善了。

你是否正對身旁的人說出破壞性語言呢？請適時地為這些「過熱的語言」降溫，減少說話帶來的傷害吧！

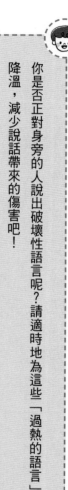

你給我閉嘴
你讓我很失望
快一點！
我數到三！
聽話！
哭什麼哭！
看著我！
你說！
好了沒？

第三章

用説話修煉幸福

犯錯，是為了成長

有項國內的研究發現，不論男女，我們平均一天都要講一萬六千字的話[26]，也就是說，你沒辦法一整天都不說話！生活中，我們隨時都在和自己和他人溝通，所以有很充沛的練習機會；但同時也有很多時候會說錯話，讓自己懊惱，也讓對方不開心。

我們常常說，不要害怕在學習的路上犯錯，說話也是。

請不要用非理性的話語責怪自己：「啊！我怎麼那麼笨，講出這種話！」「我真的很不會說話，看來我要學習幸福說話是不可能了！」我們可以承認自己的錯誤：「啊！剛剛說錯了話，我覺得很難過。不過說錯話是難免的，能覺察就很好了。讓我想想如果下次遇到這種情況，我要怎麼說才好。」

雖然說錯話當下很難受，但這些難過的情緒會讓我們更有動力去學習說話的技巧。我建議大家可以練習每天寫日記，記錄自己的說話表現。在日記簿中練習感恩、讚美當天遇到的人事物，並且省思今天說了哪些話違反幸福說話的原則，並且想像下次遇到同樣的事，自己可以怎麼說。當然，如果來得及的話，在合適的時機，真誠地表達你的歉意或是大大的感謝。

你常常為自己不擅溝通而感到苦惱嗎？其實，說出的每一句話都是一種練習。只要能切實地反省，拋開害怕說錯話的恐懼，你也能說出幸福話語！

26. 郭永斌、陳詠欣。〈女人真的比男人長舌嗎？〉。《科學發展》，四二五，六十到六十三頁。二〇〇八。

以經典為師

許多經典對於如何透過說話讓人生更圓滿幸福，有深刻的描述，提供了我們明確的努力方向，是很好的說話老師。

向《聖經》學說話

《聖經・雅各書》：「若有人在話語上沒有過失，他就是完全人，也能勒住自己的全身。」可見《聖經》把說話有無缺失，作為評斷一個人的重要指標。

「智慧的舌，善發知識。愚昧人的口，吐出愚昧。」（箴言）

「溫良的舌是生命樹，乖謬的嘴使人心碎。」（箴言）

「生死在舌頭的權下。」（箴言十八章）

「多言多語難免有過，禁止嘴唇是有智慧。」（箴言）

「謹守口的，得保生命；大張嘴的，必致敗亡。」（箴言）

「回答柔和，使怒氣消退；言語暴戾，觸動怒氣。」（箴言）

「你的嘴若說正直話，我的心腸也必快樂。」（箴言）

「我親愛的弟兄們！這是你們知道的；但你們要快快地聽，慢慢地說，慢慢地動怒。」（雅各書）

上面這些《聖經》的話語，都強調話語的重要。《聖經》還建議我們要慎言，這是有智慧的表現。說話時要慢慢地說，以傾聽為要。同時也強調語氣要柔和，話語要正直，若提出建設性的批評時要找對時機，都是值得學習的地方。

向佛經學說話

Jack和Amy說：「聽說Kerry好像是人家的小三耶！感情路上走得很辛苦！」

於是Amy同情地對Kerry說：「Jack說妳好像在感情路上不順，真的很辛苦。」讓Kerry聽了非常生氣，直接去找Jack大吵一頓：「你憑什麼說我是小三，還假裝同情我！」

這種傳話帶來的災難不可忽視，若是加油添醋，後果更是一發不可收拾。

佛教認為口業是人們最容易犯的過失，並且種下惡果的因。《無量壽經》曰：「善護口業，不譏他過，善護身業，不失律儀，善護意業，清淨無染。」前兩句就是要我們好好注意自己說的話，不要譏笑、批評、譴責、毀謗他人。

善護口業指的是注意持守「不兩舌、不惡口、不妄言、不綺語」的善行。「兩舌」指的是挑撥離間他人的關係。有時候說話者並非有意，甚至自以為好心，把從別處聽到的話轉述給當事人，沒想到卻引起軒然大波。

Sherry的婆婆有時會在電話中向女兒抱怨同住的媳婦晴晴對她不尊重，拿東西給她吃時態度很差，常擺臭臉，好像自己欠她錢似的。女兒聽了，覺得有必要和大嫂溝通一下，於是打電話給大嫂：「媽媽說妳的態度不好，讓她很不舒服，妳是不是可以改善一下？」

Sherry接到小姑電話後非常生氣。她每天在家裡忙進忙出，累得像狗一樣，沒想到婆婆不知感激，竟然還在背後嫌她態度不好。於是她告訴小姑：「妳媽媽真的很難侍候，妳知道嗎？她總是要求這要求那的，真的很囉嗦，我快受不了了。」小姑再把這話回傳給婆婆，她也非常生氣，更肯定晴晴嫌棄她。

其實Sherry的婆婆本來只是想抱怨一下，但她其實也很肯定晴晴工作認真，照料她吃穿都很周到，只是口氣比較不好。經過女兒一傳話，兩人之間就出現嫌隙了。

透過第三者傳話得來的消息，容易讓人有過多的錯誤想像，讓訊息失真，增添很多不必要的猜忌和困擾。所以，如果朋友向你抱怨另一個朋友，你只要同理他的感受就好，不要再傳話，避免造成更多的不滿。

「惡口」是以粗言惡語罵人，或者是遇到不如意的事就責怪旁人，甚至罵天罵地、怪風怨雨、拿動物出氣等。有的人雖然心不壞，但出口成髒，也會讓旁人感到不舒服，並且對他有負面觀感。此外，網路上有些大肆攻擊的言論，可說是當今社會令人擔憂的亂象。

「妄言」是指說謊話欺騙他人。有些人為了在社會上求生存，會以說謊或誇大不實的話語來行銷自己。例如明明是高中學歷，為了找到工作，卻謊稱大學畢業；明明已經結婚，為了追求喜歡的女子謊稱未婚，都已種下口業。一旦謊言被識破，自己的信用破產，也會造成他人的痛苦。所以，說話時保持誠實和真誠是最高指導原則。

「綺語」是指言不及義的輕浮言語，例如講黃色笑話容易令人產生不當妄想，或是以嘲笑他人為樂卻自認幽默。把話說得很動聽，其實是引誘他人去做壞事，也是一種綺語。

整體來說，如果能盡量做到不兩舌、不惡口、不妄言、不綺語，並且不批評他人的過失，就已經掌握幸福說話術的鑰匙了。

聖嚴法師也提出「口和無諍」的說話原則，就是透過良好的說話，達到沒有爭執的境界。「口和」，是注意說話時的用詞、態度和講話的聲調。同樣一句話，如果聲調不對勁，聽起來就好像是在諷刺對方一樣。

向瑜伽大師學說話

瑜伽大師斯瓦米韋達大師非常重視溝通的態度，強調要用正向的語言去對待周圍的人事物。例如在其瑜伽學院的花園草地上寫著：「讓花朵綻放」而不是「請勿踐踏」，饒富深意。當我們看到的是踐踏兩字時，心中浮現的是一種破壞的場面，但看到花朵綻放的字眼，則會出現花兒隨風起舞的美麗景象，形成的心印是正向愉悅的。

此外他也提出了溝通的原則：

1. 說有益的話：只說對聽者有益或對自己說話的目的和任務有益的話。大部分的話是可以省略不說的。

2. 恰當得宜：情緒濃度要剛剛好，聲音語調要剛剛好，選擇的字眼和字數也要剛剛好。

3.悅人悅己：要說給自己和別人都帶來好心情的話。

很多人都知道要說好聽的話，但很多時候就是口無遮攔、一不小心就傷到人了。因此他也進一步說明如何在生活中讓說話更美好：「首先，即將說出令人不快的言語、發出刺耳的音調之前，一定要慎重琢磨。如果是應該說的、必要說的，就應小心節制、字斟句酌地說出。讓謙卑成為自己本能的說話習慣，時刻提醒自己在宇宙之前是多麼渺小。

「其次，要保持熱情。別人過生日，我們可以買現成的賀卡贈送，但是不要忘記寫上祝福的話。讓每一個字像一朵花、一顆星、一束月光，展現光芒。

「再者，要做個有親和力的人。和別人初次見面的時候，可以直言自己欣賞對方哪一點；下次再見面時則提到上次見面談了什麼，會讓人印象更深刻。」

斯瓦米韋達還用詩表達，讓自己的言語時時吐出芳香給自己與他人的心意：

願你走路如此輕柔，僅有心聽到你的腳步聲然後獲得安慰，
願你傳達的每一個想法都成爲一首輕柔的歌曲，
願你的書寫成爲愛的代言，
願你的書寫表露出你心的清澄，
願你變得如此藐小，和上帝最微小的創造物溫柔的溝通。

如果你覺得這些大師的距離太遙遠，請想想生活中誰是你心目中的幸福說話實踐者？不妨勇敢表達對他的欣賞，然後努力接近他。久而久之，你的說話習慣就會和他越來越接近了。

把握當下，開口說愛

記得有一次，女兒突然有感而發地對我說：「媽媽，為什麼妳總是那麼會鼓勵孩子？和我同學的媽媽們很不一樣！是因為妳學過教育心理學嗎？如果是的話，我長大後也要去上這樣的課。」聽得我心花怒放。開心之餘，我不忘再稱讚回去：「Amy，妳怎麼那麼會鼓勵媽咪？媽媽真是開心，很少青少年講話像妳這樣貼心的。」

Amy 更高招了，她說：「是媽媽長期的引導啊！」

幸福說話的習慣確實需要長時間的持續練習，而和你最親近的家人、伴侶或好友，正是練習幸福說話術最好的對象。因為你有很強的動機想讓他們開心，比起其他人，他們和你相處的機會更多，也容易被你的話語所影響。

最好的話，留給最深愛的人

網路上有句發人深省的話：「我們最大的錯誤，就是把最差的脾氣和最糟糕的一面都給了最親近的人，卻把耐心和寬容給了陌生人。」

我們常說「自己人，不必客氣」，似乎意味著和自己較親密的人，就可以直率地說話，不必注意說話的禮貌。因此很多人在工作場合時說話得體，但一回到家就把說話禮貌連同外套一起脫下，對家人說話粗魯無禮。

有一次我和先生通電話時，請他到學校一樓的教務處等我，並向他解釋遲到的原因，請他見諒。掛完電話後，一旁的同事問我：「妳是在和妳老公說話嗎？」

「怎麼了？」我問。

她說：「也太禮貌了吧？自己人也需要說請、謝謝、對不起嗎？」

這真是一個有趣的問題。如果言語就像珍珠一樣，可以承載我們真心的愛與感謝，為什麼只把這顆美麗的珍珠送給別人，而不給你最親愛的家人呢？親子作家Bubu說：「家人之間講話應該更溫柔友善。好的語言態度代表的並不是距離，造成距離的是不夠真誠的談話用心，與無法深入的談話內容。」

我常說：「我們所面對的每一個人，都是無價之寶，都有無限潛能，都值得我們用幸福的言語和態度面對。」更何況是最親近的人和我們有更緊密的連結，當然更值得用溫柔去對待。不要因為他們願意包容我們、不會和我們計較，而放任自己說出傷害的言語。當一家人用軟言愛語彼此鼓勵、互相打氣，分享生活中的種種，這樣的家庭將多麼幸福美好！

勇敢開口說愛

或許有些人會說：「這麼肉麻的話我才說不出來呢！」「這是我們家的對話模式啦！」「一家人直來直往本來就是常態啊！」

但是，如果這是你和家人的「最後一次對話」呢？

我媽媽八十四歲時因為經常頭暈、胸悶、失眠而四處求醫。她常常抱怨這裡疼痛、那裡不舒服，也常常訴說自己身為長媳，連生五個女兒後被親戚冷嘲熱諷的委屈。身為晚輩的我只能耐心傾聽，不知如何是好。

我記得有一次，當她又在電話中咳聲嘆氣時，就脫口而出一句在日劇上學到的日語：「歐卡桑，甘巴爹唷！」媽媽居然笑了，還用日語回答：「我會加油！」

從這天開始，每天早上上班前，我就會打電話給媽媽，請她教我簡單的日語，展開了「遠距離日語課」。雖然媽媽的身體仍然不舒服，但她總是打起精神，教導我十五分鐘左右的日語。

有一天，我問媽媽，日語的「我愛你」怎麼說？她想了一下，說：「哇答係（我），阿娜答（你），斯濟唷（喜歡）！」從此，每天掛電話前，我都會大聲地向媽媽說：「歐卡桑，哇答係，阿娜答，斯濟唷！」媽媽也會開心地說：「阿里嘎豆！」

後來，媽媽的雙腳嚴重腫脹，甚至無法行走，連接電話的力氣都沒有。有一天媽媽的情況似乎好了一些，我們又開始在電話中做簡單的日語交流，掛電話前我照例用日語對她說：「媽媽，我愛妳！」她的聲音雖然微弱，但充滿笑意地對我說：「謝謝！」

我原本想，等媽媽身體狀況好一些後，帶她去日本沖繩玩，順便驗收我的日語學習成果。

但是第二天清晨，我接到了媽媽因心臟衰竭辭世的惡耗。而那句：「媽媽我愛妳！」「謝謝！」也成了我們最後的對話。

想到我們最後的對話如此美好、充滿愛與感謝，我好慶幸自己能及時讓媽媽知道我愛她。這讓我在面對喪母的哀慟時，少了些遺憾，多了些甜蜜。

家人是我們最親愛的人，練習把愛說出來，可以帶來不可思議的幸福力量。所以，請不要吝惜表達對家人或伴侶的愛與感謝。

改變生命的一句話

幾年前公公因為肝硬化嚴重，醫生判定只能再撐半年，全家頓時陷入愁雲慘霧之中，不知如何是好。公公的內心也出現了很多負面、不理性的自我內言：

「這次一定走不出醫院了！」

「反正醫生也救不了我！倒不如自己先去跳河算了！」

「我活著只會給家人添麻煩！」

看著他終日鬱鬱，久久不發一語，我們也不知要如何安慰他。很多朋友開始介紹各地的名醫給我們，這時一位朋友給了很不一樣的建議，她說：「在醫藥上盡量努力，但不要忘記最好的良藥就是愛的語言。一定要讓公公感受到你們的愛，特別是兒孫的暖言愛語，可以安定他的心。」

先生開始不斷地謝謝公公、肯定他為家庭的付出，並心疼他年輕時為了賺錢，在烈日下過度操勞，埋下肝硬化的遠因。我也不斷地謝謝他的言教和身教，把先生教得這麼體貼顧家。

兩個貼心的女兒也每天都打電話和爺爺聊天，感謝、稱讚他，最後還用生澀的臺語說：「阿公，我愛你唷！」這些話語讓公公憤怒不安的心漸漸平靜了下來，開始願意主動和我們說說心中的感受。

後來他告訴我們：我們的話語讓他感受到自己為家庭的付出是被看見的，我們的愛也讓他覺得自己很幸福，就算生命只剩下半年的時間，自己的人生也是值得的。幸運的是公公遇見了一位很好的醫師，在這位醫師的照料及家人的支持下，公公的肝硬化依舊存在，但仍然可以正常生活，保持身體狀況穩定。

在孫女的影響下，公公也開始學會鼓勵晚輩。聽到他們的對話，常常不禁會心一笑：

「阿公，你甘有唸佛？有唷？足讚唷！阿公尚厲害！」

阿公也不甘示弱地說：「妳嘛尚乖！是我耶乖孫！」

女兒說：「阿公，我愛你！」

阿公則笑著回答：「我嘛愛妳！」

當家中的老人家慢慢失去身體的自主能力及經濟能力後，在家中

老了只會
拖累子女
唉！

阿公
哇愛哩
阿公尚讚！
阿公尚厲害內
乖孫們
哇嘛愛哩

的地位漸漸處於弱勢，會對自己失去信心。如果這時候家人表達愛的方式是用斥責、訓話，對老人家來說是很大的傷害。照顧老人家，特別是生病的老人家是一件非常辛苦的事，但是請不要忘記，愛的語言是最好的良藥。

聽懂對方愛的語言

有個朋友問我，要怎樣才能讓老公說「我愛妳」呢？根據我對她老公的了解，他是一位非常老實、顧家的好男人，但儘管老婆怎樣「引誘」，他就是說不出「我愛妳」。

其實愛的語言有很多不同的形式，「說」出來只是其中一種。有些時候對方並不是不愛你，而是表達的方式你沒有「接」到。

外國學者查普曼（Gary Chapman）的研究發現，感情關係中有五種愛的語言：

1.肯定的語言：包括讚美、表揚、言語支持、書信，及其他表達一個人有價值、值得被欣賞的方式。例如，當伴侶帶你喜歡的消夜回家，你很開心地跟他說：「謝謝你記得我愛吃這家的滷味！」或是在冰箱上面留字條：「寶貝我愛你，你總是這麼貼心！」

2.有品質的時間：當伴侶需要你的時候，你都在場並提供幫助，而且在這段期間，給予對方毫無保留、全心全意的關注。例如，當另一半在公司受了一整天老闆的氣，回來時很想找人抱怨，你先放下手邊正在做的事情，在他身邊陪伴、聽他訴苦，這也是一種愛的表現。

3.禮物：有些人會依據禮物的心理價值來衡量愛情的有無，他們相信：「送禮的心思代表了一切。」貴不貴不重要，重要的是能讓對方欣賞就是最好的禮物。例如，情人節時送對方親手製作的卡片、去國外旅行時寄張照片明信片，都是能夠代表心意的禮物，傳達你在乎和想念對方的心情。

4.服務行為：生活中的小事也是一種愛的累積，好比說先生主動幫忙倒垃圾、做家務等等。在臺灣，不少人都以為太太做家務是「天經地義」的事情，當先生願意一起參與家務，太太的婚姻滿意度通常也比較高[27]。

5.身體接觸：身體的碰觸是增加親密感的方式，許多心理學的研究顯示，當你被所愛的人擁抱、撫摸或親吻的時候，體內的多巴胺（Dopamine）與催產素（Oxytocin，又稱「抱抱荷爾蒙」）會增加，這會讓你有被愛、愉悅的感覺。

我有一個大男人主義兼工作狂的朋友很不喜歡做家事，每次都把家裡的事情丟給妻子做，但他做了一件很棒的事情是，在妻子拖完地、洗好碗之後，放下手邊正在做的事情，對她說：「謝謝妳為這個家付出這麼多！」然後親吻她。而他的妻子也很吃這套，於是兩人愛的語言就「對上了」。

對你而言，愛的語言是什麼？對你的另一半來說，什麼才是愛的語言？用對方想要被愛的方式對待他，並且用愛的語言互動，會讓你們的關係更穩固！

面對最親密的家人和伴侶，請不要吝惜於對他們說出愛的話語。語言的力量將能穿透彼此的生命，支撐每個人走向幸福圓滿的人生。

27. 陳富美。〈夫妻分工：怎麼說平等或不平等？〉。《應用心理研究》二十五。十八到二十頁。二〇〇五。

後記

謝謝你讀到這裡。

最後，我想邀請你問自己兩個問題：

第一個問題是，你是個善於說幸福話語的人嗎？如果幸福說話的能力，滿分是十分，你會給自己打幾分？如果你的分數低於五分，恭喜你！你已能覺察到自己有一些不夠好的說話習慣，接下來會有明顯的進步。如果你的分數高於五分，恭喜你！相信你對自己的說話優勢很了解，可以持續發揮，讓自己好而且更好！

第二個問題是，你最想培養的幸福說話習慣是什麼？你可以很快地回答出來嗎？習慣領域學說強調「警覺是智慧的開端」，請靜下心來好好傾聽自己的內在聲音，覺察自己最需要改變的是哪一類說話習慣？接著請下決心努力學習、下決心確實應用，等到自己從這樣的說話習慣得到快樂後，別忘了分享自己的改變經驗給周圍的人，透過「覺、學、用、享」可以讓說話習慣越來越好。

後面列出幾個本書裡面提到的，容易展開行動的目標，你可以先選擇一個，在「今天」就開始練習！

覺察就是扭轉人際關係的開始。如果你覺得自己最需要培養的是讚美他人的習慣，那麼請給自己一個小小的目標，例如每天說出一個讚美。只要做到了，就馬上給自己一個小小的獎勵，告訴自己：「耶！我做到了！真開心。」或是讓自己享有一杯喜歡的飲料當作獎勵。如果連續七天都做到，可以給自己更大的獎勵，例如看部影片，或是對自己說：「我很棒耶！每天都努力做到讚美別人。」如果連續三週都做到了，相信你已經漸漸把讚美變成日常的生活習慣，你會發現自己及周圍的朋友都享受到讚美帶來的開心。接著你可以以第二個想改變的習慣做為目標，如法炮製。

很多人每到新的一年都會列下一堆想要達成的目標，例如做好時間管理、讓自己瘦下來、學好英文、存到一百萬……等，可是堅持不了多久就半途而廢，等到新的一年開始又再次立下新的目標。

練習說話也是一樣，如果你常因為半途而廢感到困擾，那麼我會建議你，每天在說話上做一些些微改變。你會慢慢發現，一旦說話方式改變了，很多習慣也會跟著改變，周圍的人更喜歡和你在一起，心情更輕鬆，人生也更順利。

培養幸福的說話習慣

感恩	感謝你身邊的人為你做的一件事，你可以用說的，也可以寫一封感謝的信給他。
讚美	真誠的讚美、欣賞周圍的家人、朋友。
傾聽	用心地傾聽，注意自己有沒有使用「SOLER」？有沒有適度地做情感反應和語意簡述？
表達生氣	當你感到生氣時，請用「我的訊息法」真誠描述自己的感受、當時的情況以及期待。
練習提問	如果對方很樂意回答你的問題，表示你很會提問。
愛的語言	練習對家人表達愛。如果你總覺得「開口說愛」很難，可以先用其他種愛的語言表達。
說出情緒	練習覺察自己的情緒，然後把它說出來。例如：我覺得不受重視、我覺得好悲傷、我覺得充滿感恩等。
正向自我內言	練習對自己說正向鼓勵的話，例如本來要說：「我怎麼那麼笨？」時，改成:「啊！我這次沒有做得很好，但只要改進某些做法，下次會更好。」
西伯利亞北方鐵路法	生氣的時候，練習停止、呼吸、注意、反思、回應。
批評前先想一想	批評的話很少能獲得雙贏的結果。當有人跟你意見不合時，先去思考他為什麼說出這樣的話？如果不批評的話，有沒有什麼更溫和的做法？

國家圖書館出版品預行編目資料

阿丹老師的幸福說話課/ 劉秀丹著. -- 初版. -- 臺北市：平安文化, 2016. 09
面；公分. --（平安叢書；第530種）（溝通句典；43）

ISBN 978-986-93313-5-7(平裝)
1.說話藝術 2.人際關係

192.32 105015302

平安叢書第0530種
溝通句典 43

阿丹老師的幸福說話課

作　　者—劉秀丹
發 行 人—平雲
出版發行—平安文化有限公司
台北市敦化北路120巷50號
電話◎02-27168888
郵撥帳號◎18420815號
皇冠出版社(香港)有限公司
香港上環文咸東街50號寶恒商業中心
23樓2301-3室
電話◎2529-1778　傳真◎2527-0904
總 編 輯—龔橞甄
責任編輯—陳怡蓁
美術設計—嚴昱琳
著作完成日期—2016年5月
初版一刷日期—2016年9月

法律顧問—王惠光律師

讀者服務傳真專線◎02-27150507
電腦編號◎342043
ISBN◎978-986-93313-5-7
Printed in Taiwan
本書定價◎新台幣260元/港幣87元